なぜかうまくいく交渉術

1万件の交渉実績を持つ元商社マンの〝実践交渉〟のコツ

生駒正明

秀和システム

装丁デザイン　米倉英弘

はじめに

「交渉しなくても交渉ができる」、そんなことが実現したらいいですよね。

もう少し噛み砕いて言うと、構えて交渉しなくても、ストレスを感じながら交渉しなくても、交渉するという特別な意識を持たなくても、**普通にコミュニケーションしながら交渉が進む——**。

少し意識の持ち方や見方を変えるだけで、交渉がうまくいくようになる。そんな方法がないか考えてみました。

初めて自転車に乗れたときのこと、皆さん覚えていますか？

それまで付けていた補助輪を外したとき、最初はとても不安に感じます。実際に乗ってみるとすぐに倒れてしまいます。ついつい足元を見てしまい、また倒れてしまうことに。すると親から「前を見て、遠くを見て」と言われます。

遠くを見ることを意識すると、不思議と少しずつ自転車に乗れるようになってきます。最初は後ろから支えてくれていた親が、今度は前で待っていて、「こっちを見ながらこいでみて」と言っています。

遠くを見ることを意識してこいでみると、いつの間にか自転車に乗れるようになっていたのです。

交渉も同じです。「どう交渉すればいいのかわからない」というのは、自転車に例えれば「どうこげばいいのかわからない」「どこを見ればいいのかわからない」ということです。まずは遠くを見て、目指す場所を意識する。これを交渉に置き換えてみたいと思います。

本書でお伝えする**交渉のポイントを意識して、普通に話をしてみてください。**厄介な交渉をしているという考えを捨て、ポイントだけ意識してただ話をする。これを続けると、**いつの間にか交渉ができていることに気づくでしょう。**

いわゆる交渉テクニックというのは、例えるのであればアプリのようなものです。そして、意識というのはアプリを動かすＯＳです。**意識のＯＳをバージョンアップさせて、皆さんの頭の中にインストールしておくのです。**そうすると処理能力が増します。

ベースの考え方である意識のＯＳの性能が上がることにより、経験というアプリを追加した場合、それがより効率的に、より効果的に機能するようになるのです。

交渉は自転車ほど単純ではありませんが、このような意識を持つことが非常に重要となります。

最初に意識しなければ行動は起きません。意識することで、その意識に引っ張られて行動がスムーズにできるのです。ストレスを感じずに楽に行動できるようになるのです。

こうした感覚を本書で皆さんにつかんでいただきたいと思っています。

最近、価格転嫁や防衛的賃上げが社会的に問題になっています。

日本はインフレに転換し、以前より値上げがしやすくなったように感じますが、実際には価格交渉は思ったほど簡単ではありません。

特に中小企業においては、価格転嫁が進まず、多くの企業が苦境に立たされています。賃上げも、企業が労働力を確保し続けるために必要です。この原資を確保するには、価格交渉が必要不可欠となります。

現代のビジネス環境は、まさに交渉力が試される時代と言えます。

そして、組織のリーダーにとっては、交渉力がますます重要になってきています。

めまぐるしく変化する状況に適応するために、これからさらに組織内外での交渉が増えていくでしょう。

特に、中堅リーダーには、社内で、上長や他部署に対する折衝能力やメンバーの育成におけるコミュニケーションスキルが求められます。

社内のコミュニケーションが円滑であれば、組織全体のパフォーマンスも向上し、結果として業績も向上します。

私は、最新の交渉力の高め方をお伝えしたいと考え、本書を執筆しました。**交渉に苦手意識を持つビジネスパーソンには、その意識を変えてもらいたいと考えています。**

「交渉は特別なもので敷居が高い」という意識を持つ方も多いと思いますが、交渉はコミュニケーションなのです。特別なものではありません。まず意識を変えましょう。その際、意識をただ変えるのではなく、「意識をどう変えるか」が重要です。

そのためには、**交渉上手な人が何を意識しているかを理解することが必要です。**まず、同じ意識を持つことから始めましょう。交渉上手の人の思考法を身につけることで、頭の中に、交渉システムが整ってきます。

私がこの本を書くに至った背景には、交渉の大切さを知ってもらいたいという想いがあります。**商社マンとして33年間、1万件以上の交渉に携わってきました。**その過程で、私は多くの成功と失敗を経験し、交渉の本質を学びました。

強気の交渉だけではうまくいかなくなり、心理学を学び、相手に寄り添う交渉方法を習得することで、交渉の幅が広がり、相手との信頼関係を築くことができるようにもなりました。

また、心身を鍛えるためにボクシングを始め、プロライセンスを取得した経験もあります。この過程で、セルフマネジメント力を身につけ、交渉力をさらに高めることができました。**交渉力とは総合力です。**本書では、このことをお伝えしていきます。

私が長年追及してきた『なぜかうまくいく交渉術』のエッセンスをこの一冊に凝縮しました。

まず、第1章で**「交渉上手な人がひそかに意識していること」を20項目にまとめています。**これらは、交渉の前に心がけるべき基本的なポイントです。

第2章では、**交渉準備の7ステップ**をお伝えします。交渉は準備が9割です。この準備の整え方を詳しく説明します。

第3章では、**実際に交渉上手な人が交渉するときに何を実践しているのか、**具体的なテクニックをお伝えします。

第4章では、**インフレ時代の価格交渉**に関して、営業の立場からだけでなく、購買の立場からのアプローチも考慮しながら、そのコツをお伝えします。

第5章では、**社内交渉や社内コミュニケーション**も大切な交渉の一つととらえ、ここにフォーカスして詳しく解説します。

最後の第6章では、**「実例！　こんな時どう交渉する？」**というテーマで、私が総合商社の営業時代に実際に体験した事例から、交渉時に悩みやすい場面での対処法を紹介します。

総合商社と聞くと、大きなプロジェクトに携わる仕事をしているイメージをお持ちになるかもしれませんが、そればかりではありません。

私が配属されたアパレル部門の営業部の仕事は、中小のアパレルや縫製工場との付き合いが中心でした。価格交渉、納期交渉、クレーム交渉が日常茶飯事だったので、交渉力が鍛えられました。さまざまな経験を積みました。成功もあれば失敗もありました。

その中で、**皆さまの参考になる印象深いエピソードを厳選してお伝えします。**

本書を通じて、交渉は特別なものではなく、誰でも習得できるスキルであることを理解していただければ幸いです。人生は交渉の連続です。真の交渉力を身につけ、人生を豊かなものにしていきましょう。

目次

第2章 交渉上手な人が必ず準備している7つのステップ

第3章

交渉上手な人が交渉するときに実践していること

第4章 インフレ時代の価格交渉のコツ

第5章

社内交渉・社内コミュニケーションのコツ

第6章

実例！ こんなときどう交渉する？

第1章

交渉上手な人がひそかに意識していること

交渉の前にこれだけは確認しておきたい5つのポイント

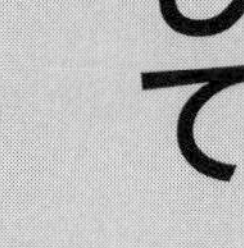

交渉とは、利害が異なる相手との合意を目指す話し合いです。決して勝ち負けを競うものではありません。では、一体、どのように向き合えばよいのでしょうか。

特に、価格交渉などでは、最終的な合意価格がどうなるのか気になるところですが、まずは交渉を広い視野でとらえることが重要です。最初に、交渉前に確認してほしいことを5つ挙げます。

キーワードは、「心構え」「全体像」「シミュレーション」「交渉期限」「実利重視」

です。これらについて、詳しく説明していきます。

最も大切な心構え

交渉において心構えはとても大切です。これは自分との交渉ということができます。**相手との交渉の前に、自分との交渉が必要ということです。**どれだけ本気になれるか、この本気度が試されます。いかに自分事としてとらえるか、これが大切です。

そのためには交渉においてモチベーションがなければなりません。このモチベーションには日頃の仕事に対する取り組み方も関わってきます。

交渉において必要な要素は「あり方」、「やり方」、そして「とらえ方」です。それぞれ見ていきましょう。

・あり方

最も大切になる「心構え」のことです。**セルフマネジメントとも言い換えられます。**

交渉ではいかに自分をマネジメントするかが重要ですが、私自身がやっていることに**「100人チェック」**というものがあります。

まったく自分と同じ条件・立場の人間が100人いた場合、この交渉をうまくやることができるのか、この目標を達成することができるのか、そういう目で自分自身を見てみるのです。もしその100人のうち「1人か2人とかはできるんじゃないか」と自分が思うのであれば、それはできるのです。自信を持ちましょう。

自分の本心に聞いてみる、そのためのチェックがこの「100人チェック」です。

・やり方

これは交渉をどう行うかという方法のことですが、単なる話術やテクニックのことではありません。やり方には交渉前の準備も含まれます。

そして**私は、交渉は準備が9割だと考えています。**

この準備を効率よく効果的に行う方法があるのです。準備をきっちり整えた上で、本番の交渉に臨むことが重要です。交渉の中では当然いろいろなやり取りがありますが、準備の方法も含めたすべてが「やり方」ということです。

また、いわゆる論理交渉だけで相手を論破するような強引なやり方では交渉はうまくいきません。

柔らかいアプローチも必要です。カウンセラーのように相手に寄り添い、相手の立場で一緒に解決しようとするアプローチも必要です。どちらか一方ではなく、この合わせ技が肝心です。**論理交渉と心理交渉をうまく使うことが重要です。**

実は私は失敗したことがあります。強引に相手を言いくるめるような交渉を続けた結果、取引先が私を警戒するようになり、仕事がうまくいかなくなりました。私は考えました。なぜダメなのか。原因は信頼関係が築けていなかったということです。

その信頼関係を取り戻すためにどうしたらよいかを考え、心理学を学ぶことにしました。そして相手を理解することから始めようと思い、傾聴の大切さを学び、傾聴の訓練を重ねました。その結果、相手との信頼関係の構築ができるようになりました。

すると、今まで信頼関係が相手との壁になっていたものが、一旦信頼関係ができると、この信頼関係が降りかかる様々な困難を防いでくれる盾となったのです。

こうして私は交渉の中での**柔らかいアプローチの必要性や信頼関係構築の大切さを実感しました。**この経験を通じて、交渉における心構えの重要性を再認識しました。

・とらえ方

これは**言い方を変えると「思考転換力」です。**いかに柔軟に頭を切り替えて臨機応変に対応するか、これはまさに本番の経験を積みながら身につけていくものです。

経験豊富で引き出しが多い交渉担当者は、あらゆる交渉場面で、相手の状況を見ながら、臨機応変に的確な対応を取ることができるのです。

「あり方」と「やり方」が車の両輪であれば、「とらえ方」＝「思考転換力」はエンジンと言えます。交渉のゴールを目指し、車を力強く走らせるエンジンです。

では、どうやって、この「とらえ方」を強化すればいいのでしょうか。ただ、場数を踏むのではなく、意識をしながら質を高めていくことが重要です。あらゆる可能性を考えるのです。考え得る引き出しすべてを総動員する習慣を身につけましょう。

交渉における心構えは、自分自身を理解し、柔軟に対応する力を養うことです。このようにして、交渉をうまく進めることができるようになるのです。

POINT

- 相手との交渉の前に、自分との交渉が必要。
- 「100人チェック」で、自分の本心に聞いてみる。
- 交渉には柔らかいアプローチと信頼関係構築が不可欠。

全体像を把握する

交渉に臨む前に、まずは全体像を把握することが大切です。このために役立つのが、**5W2Hというフレームワーク**です。これを使って、交渉の全体像をじっくりとらえてみましょう。

Who：誰が、交渉の相手なのかを確認します。相手が誰であるか、その背景や役割を理解することは非常に重要です。

相手がどのような立場にあり、どのような決定権を持っているのかを知ることで、適切なアプローチ方法が見えてきます。交渉相手の情報が入手できれば、対策を練ることもできるでしょう。

What：何が、交渉の対象かを考えます。これは価格だけでなく、数量や納期など、多くの要素が含まれます。

他にも、品質、契約期間、支払い条件、アフターサービスなど、具体的な項目を洗い出すことで、交渉の範囲がはっきりします。これにより、交渉の全体像が明確になり、話が進めやすくなります。

When：いつ、交渉を行うかも大切です。交渉の期限やスケジュールを確認し、どのタイミングで何をするかを計画します。タイムラインを明確にすることで、各ステップの計画を立てやすくなります。

交渉の開始日や終了日、重要なマイルストーンを設定することで、交渉を計画的に進めることができるようになります。

Where：どこで、交渉を行うかも考えましょう。これは物理的な場所だけでなく、どの業界や市場で行うかという視点も含みます。

交渉が行われる場所や、対象となる市場の特性を理解することで、より効果的な戦略を立てることができます。

Why：なぜ、この交渉を行うのか、その目的を明確にすることも欠かせません。何のために交渉をするのか、その理由を理解することで、交渉の方向性が定まります。目的が明確であれば、交渉の進行もスムーズに進みますし、相手に対しても一貫したメッセージを伝えることができます。

How：どのように、交渉を進めるか、交渉の具体的な手段や方法を考えることも重要です。

どのような交渉戦略を採用するか、どのようなアプローチを取るかを事前に考えることで、交渉の成功率を高めることができます。交渉における手段や方法は多岐にわたりますが、相手の反応を予測し、適切な手段を選択することが求められます。

How much：いくらで、交渉するのか、価格や数量を具体的に把握します。これにより、交渉の目標が明確になります。

いくらで、どのくらいの量を交渉するかを具体的に設定することで、交渉の焦点がはっきりし、効果的な交渉が可能になります。

このように、**5W2Hを使って全体をとらえることで、交渉の全体像が見えてきます。**遠くから眺めてみることにより、客観的な視点を持つことができます。全体を俯瞰することで、交渉の流れや重要なポイントを見逃さずに把握することができるのです。

ただし、全体像を把握するだけでは不十分です。**重要な部分にはズームインして、詳細を見極めることも必要です。**

交渉においては、相手のニーズや価値観を

交渉の5W2H

Who	誰が交渉の相手なのか
What	何が交渉の対象か
When	いつ交渉を行うか
Where	どこで交渉を行うか
Why	なぜこの交渉を行うのか
How	どのように交渉を進めるか
How much	いくらで交渉するのか

理解することも重要です。相手が何を求めているのか、その背景にはどんな理由があるのかを理解することで、より効果的な交渉が可能になります。

そのためには、**まずは全体像を把握しつつ、細部にも注意を払い、交渉の本質をとらえる**努力を怠らないようにしましょう。

交渉は一度にすべてを把握するのは難しいかもしれませんが、先に全体像をとらえつつ細部に目を向けることで、成功に近づくことができます。

交渉が苦手な人でも、このフレームワークを使って全体像を理解し、細部に目を向ける練習をすることで、交渉力を高めることができるのです。

POINT

- 5W2Hのフレームワークを使って、交渉の全体像をとらえる。
- 全体を俯瞰しながら、重要な部分にはズームインすることも必要。

交渉をシミュレーションしてみる

交渉は山登りに似ています。

目指す頂上に到達するためには、様々なルートが存在し、そのルート選びや登り方は天候などの外部条件によって変わります。交渉も状況や相手によって変わるので、準備段階で仮説を立てることが必要です。

山登りでは、天候や状況に応じてルートを変更するように、交渉でも事前にシミュレーションを行い、臨機応変に対応できる準備が求められます。

臨機応変な対応とは、その場で思いつくことではなく、事前にシミュレーションし、準備し、想定しておくことです。天候や相手の反応など、自分ではコントロールできない要素がある一方で、自分がコントロールできることに集中することが大切です。

つまり、**自分が100％コントロールできる準備に焦点を当てるべきです。**

まず、交渉の全体の流れをシミュレーションすることが重要です。これは、交渉の初期段階から終結までの各ステップを頭の中で描き、それぞれの場面でどのような対応を取るべきかを考える作業です。この意識を大切にしましょう。

例えば、ある商品を顧客に提案する場合、先に**顧客のニーズや関心事を理解する**ことから始めます。次に、提案内容をどのように伝えるか、その際に予想される質問や反論に対してどのように対応するかをシミュレーションします。相手が価格に対して敏感であれば、価格以外の価値（例えばアフターサービスや納期の柔軟性）もきちんと伝える準備をしておくのです。

また、シミュレーションでは、**最悪のシナリオも考慮します。**交渉が思い通りに進まない場合、どのように軌道修正するか、代替案を用意しておくことも重要です。これにより、予期せぬ事態が発生しても冷静に対応できるようになります。

このように、**交渉のシミュレーション**は、様々なシナリオを想定し、それに対する対応策を準備することが目的です。これにより、交渉の場での不安や焦りを軽減し、自信を持って臨むことができます。

実際の交渉では、相手の反応を見ながら臨機応変に対応することが求められますが、そのためには事前のシミュレーションが欠かせません。シミュレーションを通じて、どのような状況でも柔軟に対応できる準備を整えることで、自分のペースで交渉を進めることが可能になります。

POINT

- 交渉は山登りに似ている。様々なルートの事前シミュレーションが必要。
- 自分が100%コントロールできることは準備。

交渉期限を明確にしておく

交渉期限は、交渉の成功に欠かせない重要なポイントです。期限を上手に設定し、管理することで、交渉を有利に進めることができます。

ただし、自分の交渉期限を相手に知られてしまうと、逆に不利な立場に立たされることがあります。特に海外の企業との交渉では、期限を知られるとタイムプレッシャーをかけられることがよくありますので、注意が必要です。

社内で交渉期限を明確にしておく必要がありますが、これを相手にもオープンにするということではありません。

例えば、あと1ヶ月で交渉期限が来る状況を考えてみましょう。まだ合意するには改善が必要な部分があるのに、相手から急に予期しない追加の要求をされたとします。この場合、時間がないために焦ってしまい、冷静な判断が難しくなります。

そのような状況になると、**「せめて前の状態に戻してくれれば」と思ってしまい、前の条件で急いで合意してしまうことも少なくありません。**

本来ならその内容では合意できないはずだったのに、追加の要求があったために、「これさえなければ」と感じてしまうのです。これは相手の作戦であり、タイムプレッシャーをかけることでこちらの判断力を鈍らせる狙いがあったのです。

こうした状況に対処するためには、**冷静な判断とタイムマネジメント**が非常に重要になります。まず、交渉期限を設定する際には、社内的に余裕を持った期限を設定することがポイントです。

例えば、実際の交渉期限が3ヶ月後であれば、社内では2ヶ月後を目標期限と設定し、予備の時間を確保します。これにより、予期せぬ事態が発生しても冷静に対処することが可能になります。また、不本意な合意をするくらいなら、全体のスケジュールを見直すという柔軟性も必要です。

交渉期限を設定する際には、以下のポイントに注意しましょう。

まず、**相手に対して期限を知られないようにすること。**これは、相手がその情報を利用してプレッシャーをかけてくることを防ぐためです。

次に、交渉が長引くことを想定して、**予備の時間を設けておくこと。**これは、交渉が予期せぬ方向に進んだ場合でも、冷静に対応するための余裕を持つためです。

さらに、交渉の進捗状況を常に把握し、**必要に応じて期限の見直しを行うこと**も重要です。交渉が進むにつれて、新たな問題や要求が出てくることがあります。その都度、期限を見直し、対応策を検討することで、交渉をスムーズに進めることができます。

また、社内の関係者との連携も欠かせません。**交渉期限を共有し、各部署が一丸となって対応できるようにする**ことで、交渉全体のスムーズな進行が期待できます。

特に、決定権を持つ上層部との連携が重要です。上層部が交渉の重要性を理解し、適切なサポートを提供することで、交渉の成功率が高まります。

そして、**交渉が長引いた場合の対処法を考えておくこと**も大切です。交渉が難航した場合でも、期限に追われて焦るのではなく、冷静に状況を分析し、最適な対応策を考えることが求められます。

これには、事前のシミュレーションやロールプレイが効果的です。実際の交渉を想定した練習を行うことで、本番でも冷静に対応する力が養われます。

POINT

- 交渉期限は社内では明確にするが、相手には知らせてはいけない。
- 社内関係部署で交渉期限を共有し、タイムマネジメントを行う。

見かけのイメージではなく実利を重視する

交渉では、**見た目のイメージよりも、実際に得られるメリット、即ち実利が大切です。**交渉に臨む前に、まず「自分が何を一番大切にしたいのか」「絶対に譲れないものは何か」をはっきりさせておくことが必要です。

これらに優先順位をつけてリストアップしてみましょう。一見すると不利に見える合意でも、自分が本当に大切にしたいものが手に入るなら、それは成功した交渉と言えるからです。これが実利を重視する理由です。

交渉の準備をするとき、**メリット・デメリット表を作ってみるといいでしょう。**各項目に点数をつけることで、何が重要で何がそうでないかが一目でわかるようになります。例えば、ある交渉で一時的に不利に見える内容でも、長い目で見れば大きな利益をもたらすことがあります。このような場合、**「損して得取れ」**という考え方が役立ちます。

目先の損得にとらわれず、将来の利益を見据えて行動することが重要です。

実利を追求する交渉は、売り買いだけではありません。例えば、最近ではライバル同士の企業が協力して、同じトラックで商品を配送することがあります。これは、双方が配送コストを削減できるため、結果的に双方に利益をもたらします。

ここで重要なのは、**見栄やメンツにこだわらず、実際の利益を追求する姿勢です。**このような柔軟な発想が、ビジネス交渉において成功を収める鍵となります。

さらに、交渉がうまく進まないと感じたら、無理に続ける必要はありません。**交渉は合意を目指す話し合いですが、必ずしも合意に達する必要はないのです。**

これは、**お見合いに似ています。**お見合いでは、結婚を前提に付き合う相手を探しますが、良い相手が見つからなければそのまま帰ってくることもあります。交渉も同じで、必ずしも合意に至らなくてもいいのです。納得できない合意に至るよりは、むしろ交渉を中断し、別の機会を探すことの方が有効です。

別の機会を得るためには、**自分の立場や目標をしっかりと定めておくこと**も重要です。何を要望し、何が譲れるのかを事前に明確にしておけば、交渉の場でも自信を持って話し合いに臨めます。

例えば、価格交渉においても、ただ価格改定を求めるのではなく、他の条件を提示して相手にメリットを感じさせることが大切です。**交渉は相手との信頼関係を築く場**でもありますので、柔軟な対応と冷静な判断が求められます。

繰り返しになりますが、交渉では目先の利益だけでなく、**長期的な視点を持つこと**が大切です。短期的に見て不利に感じることでも、将来的には大きな利益につながることがあります。

例えば、新しい取引先との関係構築を優先し、初回の取引で譲歩することが、後々の大きなビジネスチャンスにつながることもあります。これこそが、**見た目のイメージよりも実利を重視する交渉の真髄です。**

　また、交渉の場では常に冷静さを保ち、感情に流されないように意識しましょう。感情的になると、冷静な判断ができなくなり、不利な条件で合意してしまうことがあります。冷静さを保ちながら、自分の目標をしっかりと見据え、実利を追求することが、成功する交渉の秘訣です。

POINT

- 交渉で大切なのは実利の獲得。「損して得取れ」の考え方もある。
- 交渉とお見合いは似ている。合意ありき、結婚ありきではない。

交渉がうまくいく信頼関係のつくり方

私が長年経験してきた交渉の中で強く感じたことがあります。

交渉の成功にはテクニックよりも相手との信頼関係が重要だということです。

交渉は人間対人間のコミュニケーションです。感情や気持ちの面でのつながりが大きな役割を果たします。誰もが、好きでもない信頼できない人と交渉したり仕事をしたりすることを避けたいと思うではずです。

まず、相手の話に真剣に耳を傾けることが大切です。相手の立場や意見を尊重し、理解しようと努める姿勢が信頼を生むのです。また、約束を守ることも信頼関係を築くためには欠かせません。言葉だけでなく行動で示すことで、相手に信頼される存在となります。ここからはそのポイントを見ていきましょう。

まずは相手の最新情報を集める

現代は情報があふれている時代です。そのため、情報を集める際にはまず、情報の選び方が大切です。**重要なのは、客観的な事実と主観を混同しないことです。**ここで言う主観とは、自分自身の主観だけでなく、第三者の主観も含まれます。

例えば、ニュース記事や口コミは、情報源によっては偏った見方や意見が含まれていることがあります。このような情報をそのまま信じるのではなく、相手を理解するために、事実をしっかり確認することが大切です。

次に、**情報をただ集めるのではなく、自社との関係を考えながら情報を集めること**

が重要です。相手企業の状況やニーズが自社にどう影響するかを考えながら、必要な情報を絞り込むことで、効率よく情報を集めることができます。

現在のビジネス環境は日々変化しているので、常に最新の情報を入手する必要があります。例えば、相手企業の経営状況や市場動向、競合他社の動きなど、最新の情報を手に入れておかなければ、交渉が的外れなものになりかねません。

具体的には、**まず相手企業のニーズの変化を把握することが一番大切です。**相手のニーズがどう変わっているかを知ることで、その変化に対して自社の強みをどう活かせるか、どう対応できるかを考えることができます。

例えば、新しい製品やサービスが市場に導入された場合、その影響を受ける相手企業のニーズが変わることがあります。このような変化に対して、自社の提供する価値がどうフィットするかを見極めることが重要になります。

さらに、**相手企業を取り巻く環境の大きな変化にも注意を払いながら情報を集める**

ことが必要です。市場の動向、法規制の変更、技術の進化など、ビジネス環境は常に変わり続けています。これらの変化が相手企業にどう影響を与えるかを理解することで、交渉の際により的確な提案ができます。

例えば、新しい法規制が施行された場合、その影響を受ける相手企業の戦略がどう変わるのか、その変化に自社がどう対応できるのかを考えることが求められます。

情報収集においては、信頼できる情報源を活用することも重要です。公式の報告書や業界レポート、信頼できるニュースソースなどから情報を得ることで、客観的で正確な情報を手に入れることができます。

また、情報をアップデートするために、情報収集は定期的に行うことも大切です。情報は一度集めるだけではなく、**常に最新の情報を把握し続けることが必要です。**

例えば、ある取引先企業のニーズが変化し、新しい技術に関心を持つようになったとします。この情報をいち早くキャッチし、自社の技術がそのニーズにどう応えられるかを分析することで、取引先企業にとって魅力的な提案ができるようになります。
また、取引先企業が新たな市場に参入しようとしている場合、その市場に関する情報を集め、取引先企業が成功するために自社がどうサポートできるかを考えることも重要です。

このように、**情報を集めるだけでなく、その情報をどう活用するかが重要です。**集めた情報を基に、自社の戦略を見直し、必要な調整を行うことで、交渉の成功率を高めることができます。

情報は単なるデータではなく、戦略的な意思決定のための重要なツールです。正確で最新の情報を活用して、より効果的な交渉を行いましょう。

POINT

- 相手企業の最新情報を自社との関連性を考えながら収集する。
- 相手企業のニーズの変化、相手企業を取り巻く環境の変化に注意する。

傾聴で信頼を得る

傾聴というと、ただ黙って相手の話を聞いていればいいと思いがちですが、実はそれだけでは足りません。**傾聴の基本は、先入観や思い込みを取り除き、相手の話に集中することから始まります。**

そして、**相手の言っていることを受け止め、共感することが大切です。**しかし、共感とは必ずしも相手の意見に賛成することではありません。相手の考えや感じていることを理解し、「そういう風に感じるのですね」と相手を認めることが共感です。

傾聴の目的は、相手を理解することにあります。情報を得るだけでなく、相手が何を求めているのか、何を大切にしているのか、どんな価値観を持っているのかを理解することが大切です。

また、**相手との共通点を見つけることも信頼関係を築く上で重要です。**例えば、出身地や趣味、考え方に共通点があると、それだけで親近感が生まれます。

傾聴の具体的なテクニックとしては、まず、**相手の話に対してうなずいたり、あいづちを打ったりすることです。**これは相手に「ちゃんと聞いていますよ」というメッセージを送るためです。

また、**相手の言葉を繰り返す**ことも効果的です。例えば、相手が何度も繰り返しているキーワードや、感情がこもっている言葉を拾って、「〇〇とおっしゃっていましたね」と言うと、相手は、自分の話をよく理解してくれていると感じます。

話の途中で、**相手の話をまとめて確認する**ことも大切です。例えば、「今のお話は、こういうことですか?」といった具合に話を整理し、確認することで、相手は自分の話が正確に伝わっていると感じ、信頼感が生まれます。

さらに、**適切なタイミングで短い質問を挟むこと**も有効です。例えば、「それは具体的にどういうことですか？」や「その時、どんな気持ちでしたか？」といった質問を投げかけることで、相手は自分の話が真剣に受け止められていると感じます。

傾聴の際には、五感をフルに使って相手の話を聞くことが大切です。言葉だけでなく、相手の表情や声のトーン、身振り手振りからも多くの情報を得ることができます。

傾聴は、相手を理解し、信頼関係を築くための重要なスキルです。これを身につけることで、ビジネス交渉においても大きな成果を上げることができるでしょう。

POINT

- 傾聴の目的は相手を理解すること。
- 傾聴しながら共通点を見つけ、信頼関係構築のベースをつくる。
- 傾聴コツは「うなずき」「あいづち」「相手の言葉を繰り返す」「話をまとめて確認する」。

質問で信頼を深める

信頼を深めるための質問のコツは、自分が知りたいことを尋ねるだけではなく、相手との信頼関係を築くことを意識して尋ねることです。

自分の聞きたいことを次々と質問するのではなく、まずは相手を理解するために質問を重ね、じっくりと話を聴くことが大切です。ここからは、そのポイントを紹介していきます。

まず、相手が話したいことを意図的に質問することが大切です。相手が話したいこととは、**相手にとって嬉しいことや誇りに思っていること**です。

例えば、最近相手の会社が業界新聞に載ったというニュースがあった場合、そのことについて質問してみてください。「最近、御社が新聞に掲載されていましたが、あの新しい取り組みについて教えていただけますか?」と尋ねると、相手はほめられたと感じ、話したがるでしょう。このように、相手が話したいことを引き出す質問を重ねていくことが大切です。

他にも、「最近の成功事例について教えていただけますか？」「御社の強みをどのように活かしているのか、具体的なエピソードを教えてください」といった質問もよいでしょう。誰しも自分の成功や誇りに思っていることについて話すのが好きなので、このような質問をすることで、自然と話が弾み、信頼関係が深まります。

次に、**質問をする順序**も重要です。すぐに核心に触れる質問をするのではなく、段階を踏んで質問を進めることが大切です。質問された方は相手の質問に答える形となるため、質問する側が会話の流れの主導権を握ることになります。だから、質問が重要なのです。

会話の流れを決めるために使い分けたいのが、**オープン質問とクローズド質問です。**

オープン質問とは「相手に自由に話してもらう質問」で、クローズド質問とは「複数の選択肢から選んでもらう質問やイエスかノーで答えてもらう質問」です。
例えば、あえて相手が真ん中の「竹」を選びやすいように「松竹梅」の3つの選択肢を提示する質問のやり方もあります。

さらに、信頼を深めるための質問をする際には、**相手を観察しながら質問を少しずつ変えていくこと**が求められます。相手がどのような反応を示しているかを注意深く観察し、その反応に合わせて質問を調整するのです。

例えば、前日の打ち合わせで、相手が熱く語っていた話題について再度質問することも効果的です。「昨日お話しされていたプロジェクトについて、もう少し詳しく教えていただけますか？」と尋ねることで、相手は自分が重視していた話を覚えていてくれたと感じ、信頼感が深まります。

相手が力を入れている仕事などの話が出た場合は、共感を示しつつ、具体的な事例やエピソードを引き出すような質問をするのも効果的でしょう。

例えば、「そのプロジェクトで最も苦労された点はどこですか？」や「その成果を得るために工夫されたことは何ですか？」といった質問です。こうした質問を通じて、相手の考えや価値観を深く理解することができます。

相手が話しやすい雰囲気を作り出しながら話を進めると、今度は相手から「あなたはどうですか？」と質問が返ってくることがあります。ここまで来ると、良い流れになってきたと言えます。

相手がこちらの話を聞く態勢になっている状態です。この状態になっているかどうかを観察することが大事です。そうなるまで、相手が受け入れやすい質問を重ねていきます。タイミングが重要です。

POINT

- まず、相手が話したいことを意図的に質問する。
- 質問する側が、場をコントロールすることになる。
- オープン質問とクローズド質問を使い分けて流れをつくる。

相手の価値観やニーズを理解する

交渉において、相手の価値観やニーズを理解することはとても大切です。まず、相手と接する際には、自分の先入観を取り除くことから始めましょう。相手が何を大切にしているのかを理解しようとする姿勢が大事です。自分の意見を押し付けず、相手の立場や考え方に寄り添うことが、信頼関係を築く第一歩です。

価値観とは、相手が何を大切にしているか、何に価値を見出しているかを指します。人によって価値観は様々です。例えば、ある人は仕事の成果を重視するかもしれませんし、別の人は人間関係の調和を大切にするかもしれません。相手の価値観を理解することで、交渉がスムーズに進みます。この理解が不十分だと、相手の期待に応えることが難しくなります。

次に、相手のニーズを理解することが重要です。ニーズは大きく分けて二つあります。**「欲しいものを手に入れたい」というニーズ**と、**「困りごとを解消したい」というニーズ**です。相手のニーズを正しく理解し、それにどう応えるかを考えることが、交渉の成功につながります。

相手の価値観やニーズを適切に理解するためには、相手の話をよく聞き、質問をすることが効果的です。相手の話をていねいに聞き､共感を示しながら質問することで、相手が本当に大切にしていることが見えてきます。

また、相手の表情や態度、言葉の裏にある感情にも注意を払いましょう。これらの情報を総合的に判断することで、相手の価値観やニーズを深く理解できるのです。

さらに、**相手の価値観やニーズを理解した上で、自分が提供できる価値や強みをどう組み合わせるかを考えることが大切です。**

例えば、相手がコスト削減を最優先している場合には、コストパフォーマンスの高い提案をすることで、相手のニーズに応えられます。相手が品質を重視している場合には、高品質な製品やサービスを提供することで、相手に満足してもらえます。

また、ある企業との交渉において、相手がブランドイメージを非常に重要視している場合、価格や納期の話だけでなく、自社製品が相手のブランドイメージ向上にどう貢献できるかを強調することが効果的です。

相手の価値観やニーズに基づいたメリハリのある提案を行うことができれば、**交渉は単なる合意を目指す話し合いではなく、信頼関係を築くプロセスとなります。**

POINT

- ニーズには、「欲しいものの獲得」と「困りごとの解消」の2つがある。
- 相手の価値観やニーズに基づいた提案は、信頼関係構築につながる。

相手の感情面にアプローチする

信頼関係を築くには、ただ時間をかけるだけでは不十分です。相手をよく理解するとともに、**相手の感情面にもアプローチすることが必要です。**

そのためには、**まず相手に興味を持つことが大切です。**こちらが相手に興味を持って接すると、その気持ちは自然と相手に伝わります。逆に興味がないと、その無関心も相手に伝わってしまうので注意が必要です。

このとき重要になるのが、ここまで紹介してきた「傾聴」と「質問」です。相手の言葉をしっかり聴き、理解しようとする姿勢を持ちましょう。さらに、相手の話を聴きながら適切な質問をすることで、相手の考えや価値観をより深く知ることができます。このプロセスを通じて、相手もこちらを理解しようとしてくれるようになります。

次に大切なのが**「自己開示」**です。自分の気持ちや考えをオープンにすることで、相手も心を開きやすくなります。自分がどのように感じ、何を考えているのかを正直に伝えましょう。

そして、自分の言ったことが相手に正しく伝わっているかを確認することも重要です。相手に対しては、「あなたの言っていることをちゃんと理解していますよ」と示すことが大切です。こちらが理解しようとする姿勢を示すことで、相手も理解しようとしてくれるのです。これが**相互理解**につながるのです。

さらに、**相手との「共通点」を見つけることも効果的です。**交渉において、感情が通じ合えるかどうかは非常に重要です。共通の話題や趣味、出身地、価値観などを見つけ、それを強調することで、相手との絆を深めることができます。

こうした「共通点」は信頼関係の基盤となるため、積極的に探し出し、活用しましょう。

交渉には論理的なアプローチと心理的なアプローチの両方が必要ですが、この**心理的な側面を重視することで、信頼関係はより強固なものとなります。相手の感情に寄り添い、「共感」を示す**ことで、相手は安心感を持ち、交渉が円滑に進むようになります。

信頼関係を築くためには、まず相手に興味を持つことから始めましょう。そして、相手の話をよく聞き、自分の考えをオープンにし、共通点を見つけて強調することが大切です。これらを実践することで、交渉が苦手なビジネスパーソンでも、信頼関係を築き、交渉を成功させるプロセスを進めることができるはずです。

POINT

- 信頼関係構築の第一歩は、相手に関心を持つこと。
- 傾聴と自己開示で相手との「共通点」を見つけ距離を縮める。
- 相手の感情に寄り添い共感することが重要。

共通のゴールを探して設定する

先に述べたように相手との共通点を見つけることが大切ですが、交渉を成功させるためには、**「共通のゴール」**を設定することも重要です。

まずは、相手との個人的なレベルでの共通点を探すことから始めましょう。例えば、同じスポーツが好きだったり、同じ地域に縁があったりすることがわかれば、親近感が生まれます。

そして、これを組織や会社のレベルに広げていきます。**お互いの会社が目指す共通のゴールを見つけ、それを設定することが大切です。これは、パートナーシップの構築につながります。**

共通のゴールを持つことは、パートナーとして一緒に目指す目標を持つことです。**「私」と「あなた」ではなく、「私たち」で一緒に共通のゴールを目指すのです。**

例えば、パートナーシップがある相手であれば、「私の上司を納得させるために力を貸してほしい」と頼むことも可能になります。相手と共に目指すゴールが明確であれば、お互いが協力し合って、**共同作業として交渉を進めることができるのです。**

交渉において、共通のゴールを目指す仲間としての関係を築くことは、特別な意味を持ちます。この特別感の共有が、パートナーシップへと発展することになるのです。

例えば、ある企業が新製品を開発するプロジェクトで、別の企業との協力が必要だとします。相手企業にもメリットを感じてもらえれば、両社が共に目指すゴール「プロジェクトの成功」という共通のゴールが生まれます。

その結果、両社はパートナーとしての関係を築き、お互いの成功を目指すことができるのです。

このように、**共通のゴールを設定することは、交渉を成功に導く重要な要素です。**

共通のゴールを設定するためには、まず相手の価値観やニーズを理解することが大切です。その上で、自分たちのゴールと相手のゴールがどこで一致するかを見つけ出します。

このプロセスを通じて、相手との信頼関係が深まり、共通のゴールを持つ仲間としての絆が生まれるのです。

POINT

- 相手と共通のゴールを設定できれば、パートナーシップの構築につながる。
- 共通のゴールがあれば、「私たち」の共同作業として、交渉を進めることができる。

交渉で行き詰まる前に意識しておきたいこと

交渉が行き詰まる前にポイントを意識しておくことは非常に大切です。意識するかどうかで、結果が大きく変わります。**意識することは、行動する前の準備段階とも言えます。**

交渉を成功させるには、事前準備が重要です。いかに効率よく、効果的に準備するかがポイントです。

意識するだけでなく、**その意識した内容をチェックリストにまとめること**も大切です。チェックリストを作成することで、準備を確実なものにすることができます。意識することがスタートラインであり、その後に具体的な行動が続きます。

このプロセスを実行することで、交渉がうまくいく確率が格段に上がります。意識を高め、チェックリストを作成して万全の準備を整えることが、交渉で行き詰まらないための秘訣です。

協議事項をできるだけ洗い出す

交渉で話し合う協議事項はたくさんあります。それらを事前に準備しておくことが、交渉を成功させるためにはとても大切です。まずは、どんなことが話し合いのポイントになるのかを、できるだけ多く洗い出してみましょう。

まず、自分たちにとって重要だと思われる協議事項をリストアップします。これは、価格や納期、品質など、具体的に何をどうしたいかを明確にすることです。

同時に、自分たちの立場だけでなく、相手の立場から見た場合にどんなことが重要になるのかを考えることも大切です。**相手がどんな条件を求めているのかを想定し準備する**ことで、交渉をスムーズに進めることができます。

次に、実際に交渉に入る前に、協議事項について相手と事前にすり合わせをしておくとよいでしょう。

この段階で重要なのは、**話し合いのポイントを明確にし、自分たちの優先順位をつけることです。**

さらに、相手の立場に立って考え、相手が受け入れやすいポイントや、逆に受け入れにくいポイントについても事前に考えておくことが大切です。

具体的には、例えば価格交渉の場合、自分たちにとって譲れない最低価格を設定すると同時に、相手が提示してくる可能性のある価格帯も予測します。

また、納期に関しても、相手が希望する納期を想定した上で、自分たちが対応可能な納期を事前にチェックし、どの程度調整ができるかを検討しておきます。

このように、**事前に話し合いのポイントを洗い出し、整理する際には、細かいところまでしっかりとリサーチすることが大切です。**自分たちの製品やサービスの特性、相手のビジネス環境や市場の動きなど、関連するすべての情報を集め、分析することが求められます。

さらに、この情報を基にして、自分たちにとって有利な条件を引き出すための戦略を考えます。

交渉前の相手と協議事項のすり合わせの後で、交渉のシナリオを作成し、実際の交渉をシミュレーションしてみることが重要です。シナリオを作成する際には、どの順番で話し合いのポイントを取り上げるか、どのようなアプローチをとるかを具体的に計画します。

そして、この準備をていねいに行うことで、実際の交渉に自信を持って臨むことができるのです。

シミュレーションを通じて、交渉の流れや予想される反応を確認し、準備を整えましょう。

POINT

- 洗い出した協議事項に優先順位をつけながらリストアップする。
- 交渉前の相手との協議事項のすり合わせの段階から、シミュレーションを行う。

最重要なものから優先順位を決める

交渉を成功させるためには、重要なことをしっかりと優先順位をつけて整理することが大切です。

まず、**交渉の中で絶対に譲れないポイントを明確にしましょう。特に上位3つは必ず守りたい重要事項**です。これらをしっかり決めておくことで、交渉の基盤ができます。

交渉の中では、**譲歩**という概念が非常に重要です。譲歩とは、自分の要望を取り下げることです。この譲歩には戦略が必要です。

例えば、**自分が一つ譲歩したら、相手にも一つの譲歩を求めるようにします。**これにより、バランスの取れた交渉が進められます。

また、譲歩する額や範囲を少しずつ小さくしていくことが効果的です。例えば、最初に1万円を譲歩した場合、次は5000円、その次は1000円というように譲歩の度合いを段階的に減らしていきます。こうすることで、譲歩が簡単ではないことを相手に示すのです。

事前にどの順番で何を譲歩するかを大枠で決めておくと、交渉がスムーズに進みます。

さらに、自分が譲歩する内容に対して、相手に求める譲歩も具体的に考えておくことが大切です。例えば、価格を譲歩する代わりに納期を調整してもらうなど、具体的な条件をある程度設定しておくことで、交渉が具体的で実りのあるものになります。

要望事項の優先順位を決める際には、自分たちの要望だけでなく、相手の要望も理解することが必要です。

交渉は相手とのやり取りで成り立っているため、相手の立場やニーズを考慮することが重要です。

相手が何を重要視しているのかを知ることで、こちらの譲歩が相手にとってどれだけの価値があるのかを見極めることができます。

また、相手の優先順位を考えることで、こちらの譲歩に対する相手の反応を予測しやすくなります。

例えば、相手が納期を非常に重視している場合、こちらが納期について譲歩することで、相手から他の重要な譲歩を引き出すことができるかもしれません。

逆に、相手が価格を最優先している場合には、慎重に考える必要があります。価格面での譲歩をすることなく、他の条件での調整などで対処することも検討するのです。

このように、**交渉では、常に提案の引き出しを増やす工夫が必要になります。**

交渉は相手との対話の積み重ねです。自分の要望を一方的に押し付けるのではなく、相手の立場やニーズを理解し、互いに最適な合意点を見つけることが大切です。

そのためには、**事前に十分な準備を行い、優先順位を明確にし、譲歩のタイミングと内容を戦略的に考えることが求められます。**

譲歩を通じて相手との信頼関係を築き、最良の結果を導き出すことができるのです。交渉における譲歩は、単なる妥協ではなく、戦略的な手段として活用することが重要です。

POINT

- 交渉で絶対譲れないポイントを明確にし、優先順位を決めておく。
- 譲歩する内容や順番も、大枠で決めておく。

選択肢（取引カード）の提案方法を考える

交渉では、選択肢、つまり取引カードが非常に重要です。**選択肢をどのように相手に提案し、自分の要望を通すかが、交渉戦略であり決め手となります。**

交渉が行き詰まってから慌てて考えるのではなく、交渉の前にしっかりと準備しておくことが大切です。様々なシナリオを想定し、相手の反応を予測して準備を進めましょう。

まず、選択肢をできるだけ多く書き出します。この作業には付箋を使うと便利です。選択肢を視覚的に整理することで、頭の中だけでなく、目で見て把握しやすくなります。

例えば、価格の交渉においては、価格だけでなく、納期の調整や追加サービスの提供など、様々な選択肢を考えることができます。

また、選択肢を細かく分けることも重要です。**選択肢を細分化し、提案の幅を広げ**

ることで、交渉の要望事項に柔軟性を持たせることができます。譲歩についても、大きな譲歩を一つするのではなく、小さな譲歩をいくつもすることで、相手に対して、様々な提案ができます。

交渉の場では、すべての選択肢を一度に提示する必要はありません。相手の反応を見ながら、必要に応じて細分化した選択肢を出したり、まとめたりすることが大切です。多くの引き出しを持つことで、相手の出方に応じて柔軟に対応できるようになるのです。

そして、相手の立場に立って考えることも重要です。相手にとってメリットのある提案をすることで、交渉がスムーズに進むからです。

例えば、**相手にとっては重要だが自分にとってはそれほど重要でない項目を譲歩することを考えましょう。この場合、相手が大きなメリットを得ることができた見返りとして、相手に自分の要望を受け入れてもらえるように働きかけるのです。**このような関係を築くことが、交渉の成功につながります。

また、**交渉の前に想定問答を準備しておくことも有効です。**相手に理由を尋ねられたときや、提案の妥当性について質問されたときに、しっかりと説明できるよう準備をしておきましょう。

例えば、「なぜこの価格が適正なのか」「なぜこの条件が必要なのか」といった質問に対して、具体的なデータや実例を交えて説明することができるようにしておくと良いでしょう。

選択肢を準備する際には、相手のニーズをしっかりと把握することが大切です。相手が何を求めているのか、どのような条件であれば合意に至るのかを理解することで、効果的な選択肢を提案することができます。

相手のニーズを満たす提案をすることで、交渉がスムーズに進み、合意に至る確率が高まります。例えば、相手が納期を重視している場合には、納期を優先した提案を行い、その他の条件で譲歩を求めることが考えられます。

交渉の中で柔軟に対応することも重要です。交渉は生き物のように変化します。**相手の反応や状況に応じて、選択肢を調整し、最適な提案を行うことが求められます。**そのためには、事前に十分な準備を行い、様々なシナリオを想定しておくことが大切です。

POINT

- 選択肢（要望）をどのように提案するかは、重要な交渉戦略。
- 選択肢を細分化して準備しておくと、交渉の幅が広がる。
- 相手には重要だが、自分にはそれほど重要ではない選択肢を譲歩する。

あらゆる切り口を考えてみる

交渉を成功させるためには、あらゆる切り口を考えておくことが大切です。なぜなら、交渉の場では予想外のことが起こることが多いので、どんな状況にも対応できるように幅広く準備をしておくことが大切です。

まず、**5W2Hの切り口**から考えてみましょう。本章の「全体像を把握する」でフレームワークとして使った5W2Hがありますが、ここではさらに切り口を広げてみたいと思います。

Who：誰が最終の決裁権を持つキーマンなのか?
What：相手が求める協議事項の内容はどういうものか?
When：相手と自分の交渉期限の関係はどうなりそうか?
Where：相手が要望する交渉ポイントはどこになりそうか?

Why：交渉の目的は相手と一致するのかしないのか？
How：交渉シナリオは何パターン必要か？
How much：価格決定の決め手となる条件のポイントは？

この6つの質問に答えることで、交渉の全体像が見えてきます。可能な範囲で、事前に調べておくことで、より効果的なアプローチができるでしょう。


次に、**前提を変えて考えることも重要です。**

双方が考えている前提が異なることもあるので、相手の立場に立って、「もし相手がこう考えているとしたら、どう対応すべきか」を考えてみましょう。

例えば、相手が予想外の要求をしてきた場合、その要求がどんな背景に基づいているのかを理解することで、適切な対応策を考えることができるようになります。

さらに、**交渉全体の流れを俯瞰して見ることも大切です。**

あまり細かいことにこだわりすぎず、全体の流れを見渡して、どんな展開が考えられるかを予測しておくと良いでしょう。

心理的なアプローチも重要です。相手の心理を読み取り、適切なタイミングで提案をすることで、交渉を有利に進めることができます。

例えば、相手が急いでいる場合には、迅速に対応することで信頼を得ることができますし、逆に慎重に進めたい場合には、詳細な情報を提供して安心感を与えることが有効です。相手の気持ちに寄り添うのです。

交渉に臨む際には、あらゆる切り口を考え、前提を変えてみることが重要です。これにより、交渉の幅が広がり、より多くのシナリオに対応できるようになります。

POINT
- 5W2Hから、切り口を広げてみる。
- 前提を変えて考えてみる。
- 心理的アプローチからの切り口も重要。

パッケージ化で交渉全体をひとまとめにする

交渉をするとき、いろいろな項目について話し合います。そのとき、それぞれの項目を個別に決めるのではなく、全体をひとまとめにして考えることが大切です。これを「パッケージ化」と呼びます。

パッケージ化とは、個々の項目をひとつにまとめて、全体としての価値を提示することです。

例えば、価格だけに注目するのではなく、価格の根拠となる数量、納期、スペック、デリバリー条件、決済条件、契約期間など、すべての要素を考慮に入れて交渉します。交渉全体をひとまとめにして、総合的な価値として提示するのです。

具体的には、個々の条件を交渉していく場合でも、個々に結論を出さずに、仮としておき、最終的に全体としてのパッケージで提案し、判断してもらうようにします。

相手に対して**「全体として見ると、総合的に、この条件で取引することには大きな価値がある」**と納得してもらうことが大切です。

さらに、このパッケージ化は、あなたの強みをアピールする絶好の機会でもあります。**「このパッケージで、お客様に私どもの最大限の価値を提供できます」**というメッセージを伝えることで、競合他社との差別化を図ることができます。

これにより、相手に対して信頼感を与え、交渉を有利に進めることができます。

こんな例があります。A社は、とある製品のメーカーです。業界の中では価格、品質、納期の面で突出した強みはなく、2番手のポジションでした。

あるとき、A社は新規取引の商談の席で、先方から、A社を含めた4社のどこかに発注するつもりだと聞かされました。その担当者いわく、

価格だけなら、品質は不安定だがもっとも安く作れるのはB社。

品質を求めるなら、価格は高いがC社。

納期だけなら、タイミングによっては、他社の半分の期間で生産できるD社。ただし、いずれも安心できるサプライヤーではないと感じていているようでした。

そこで、A社は自社が総合的なバランスのとれた取引を行えることをアピール。その結果、**「あなたの会社の製品が、総合的に最も価値が高く、安心できるのでお願いしたい」**との評価を得られ、受注できたのでした。A社は、価格、品質、納期の項目ですべて2番手でしたが、**パッケージで考えた場合、1番となったのです。**

この例のように、個別の条件を統合し、全体としての価値を提供することで、相手に納得感を与え、交渉を成功に導くことができるのです。

POINT

- 様々な条件をひとまとめにパッケージ化して、総合的な価値を高める。
- パッケージ化した全体としての価値をアピールし納得感を与える。

提案内容を細分化して交渉の幅を広げてみる

交渉の場面で、自分の要望や条件を伝えるときには、できるだけ選択肢を細かく分けることを心がけましょう。この考え方に基づいて、細かく分けた提案内容を準備するのです。なぜ細分化するのかというと、それによって交渉の幅が広がるからです。

例えば、ある製品Aについて交渉する場合、単に「Aを売りたい」と言うのではなく、**「A1（基本バージョン）、A2（追加機能付きバージョン）、A3（プレミアムバージョン）」**といった具合に細かく分けると、相手に提供できる選択肢が増えます。相手は自分のニーズに合った提案を選ぶことができるので、交渉がスムーズに進みやすくなります。

このように、**提案を細分化することで、自分の引き出しを増やすことができます。**条件を細かく分けることで、**譲歩するときも細かく対応できる**ため、譲歩の数が増え、交渉が有利に進むことが多くなるのです。また、細分化された提案を一つのパッケージとしてまとめることもできます。

相手の出方を見ながら、**細分化した選択肢をどう使っていくかを考えるのは、まさに交渉戦略**と言えます。

細分化とパッケージ化は両立します。

細分化された提案を個別に話し合いながら、それらをまとめて全体として提案することができます。例えば、10個の提案があったとして、それを20個、30個に細かく分けた上で、今度は、それを全体として一つのパッケージにすることもできます。パッケージ化により、個々の提案だけでは見えにくかった全体的な価値を伝えることができます。

提案内容を細分化しておくことは、交渉の準備において非常に有効です。細分化された内容をまとめるのは比較的簡単ですが、大きな提案をその場で細分化するのは非常に難しいものです。そのため、事前に細分化された提案を準備しておくことが大切です。

このように、**提案内容を細分化し、それを相手のニーズに合わせ、効果的にパッケージ化することで、交渉の幅を広げ、相手にとって魅力的な提案を提供することができるのです。**この提案力が交渉を成功に導く重要なポイントになるのです。

POINT

- 細分化により、提案のみならず譲歩の選択肢も増える。
- 細分化とパッケージ化をうまく両立させることが重要である。

相手の期待を上回る満足を与えることを考える

交渉の場で相手の期待を上回る満足を提供することは、思った以上に難しいものです。**期待を高めすぎると、ハードルが上がりすぎて、実際の結果がそれに見合わないと感じられてしまう**ことがあります。

一方で、最初から**期待を低くしすぎると、相手は興味を示さずに去ってしまう**かもしれません。このバランスを取ることがとても大切です。

まず、交渉において重要なのは、相手に興味を持ってもらうことです。相手が興味を持つことで、自然と期待も高まります。こちらから積極的にアピールして期待を上げようとするのではなく、**相手が自然に興味を持つように導くことがポイントです。**

例えば、相手の業界や最近のプロジェクトについてリサーチし、それに基づいて話題を提供します。「最近の○○プロジェクト、成功されましたね。あの方法は本当に革新的でした」といった具体的な話題を出すことで、相手は「この人は自分のことをよく理解している」と感じ、自然と興味を持つようになります。

次に、期待を適度に高めるためには、情報を小出しにしていくことが効果的です。最初から全ての提案を出すのではなく、段階的に情報を提供し、相手に少しずつ期待を高めてもらいます。

重要なのは相手が自ら「これは良い提案だ」と感じるようにすることです。

一方的に説得するのではなく、相手が自分で納得するように話を進めることが大切です。

さらに、相手に期待させすぎない冷静さも必要です。過度に期待させると、その期待に応えられなかった場合、失望感が大きくなります。冷静に状況を見極め、相手の期待が適度な範囲内に収まるように調整します。

最終的には、**相手が自己説得し、納得することを目指します。**

交渉においては、相手の心理を理解し、相手の視点に立って考えることが不可欠です。**相手の期待を適切に管理し、その期待を上回る満足を提供する**ためには、相手に寄り添い、冷静かつ柔軟に対応することが求められます。

これにより、相手の信頼感を高め、交渉がスムーズに進むことになるのです。

POINT

- 相手の期待を高めすぎても、低めすぎてもいけない。
- 相手が自己説得し納得するように、相手の期待を上回る満足を提供する。

相手の納得感を高めるポイントを考える

交渉とは、「利害が異なる相手との合意を目指す話し合い」です。

この合意を成功させるためには、相手の納得感を得ることが不可欠です。そして、この納得感は人や会社によって異なるため、**相手の価値観やニーズを見極めることが重要となります。**

具体的には、相手が何を欲しがっているのか、何に困っているのかを理解し、それをどのようにして自分の強みで満たすか、自分がどのように役に立てるかを考えながら交渉を進める必要があります。

まず、相手のニーズを把握することが大切です。先に述べたとおり、相手のニーズには、大きく分けて**「欲しいものの獲得」**と**「困りごとの解消」**の2つがあります。**この2つのニーズをどのように自分の強みで満たせるかを考えることが、納得感を得るための重要なポイントになります。**

例えば、相手が新しい市場への進出を望んでいる場合、あなたの持つ市場知識やネットワークが役立つかもしれません。また、相手がコスト削減に悩んでいる場合、効率的なプロセスやコスト削減のアイデアを提供することで、相手の納得感を高めることができます。

次に、交渉の内容が相手にとって納得できるものであるかを考えます。**交渉は、論理的に正しいだけでなく、心理的にも相手が納得できるかどうかが大切です。**

相手に対して自分が将来的に、パートナーとして付き合う価値があることを示すことが重要です。これには、相手の立場や状況を理解し、その上であなたがどのように貢献できるかを示すことが含まれます。

また、**相手にとってのメリットを強調することが効果的**です。

相手が自分との取引から得られる利益やメリットを具体的に示すことで、納得感を高めることができます。

例えば、あなたの製品やサービスが相手のビジネスにどのように貢献するかを説明することが有効です。相手が感じることのできるメリットを具体的に数字で示すことで、相手は納得しやすくなります。

将来的なビジョンや計画を共有し、お互いにとってのメリットを明確にすることが必要です。

POINT

- 交渉とは、利害が異なる相手との合意を目指す話し合い。
- 相手のニーズを自分の強みで満たして相手の納得感を得る。
- 相手との信頼関係があると、相手に納得してもらいやすくなる。

合意ありきの落としどころは考えない

これはとても大切な基本的な考え方ですので、しっかりと覚えておいてください。

まず、交渉において「絶対に合意しなければならない」という考え方は非常に危険です。そもそも、**交渉は合意を目指す話し合いであり、この「目指す」という点がポイントです。**

交渉とお見合いが似ていると、本章の「見かけのイメージではなく実利を重視する」で説明しました。お見合いでは、結婚相手を必ず見つけなければならないということではありません。良い人がいなければ無理やり付き合うことはしません。交渉も同じです。

必ず合意しなければならないということはないのです。

「合意ありき」の発想があると、無理にでも合意をしようと考えてしまいます。

「多少の妥協をしてでも合意しなければならない」と考えると、無理に妥協点を探ることになります。これが非常に危険なのです。

交渉の落としどころは、相手も自分もすべての要望や情報を出し切ったあとに探るものです。

しかし、「出し切った状態」と判断するのは非常に難しく、簡単には言えることではありません。ギリギリのところで、新たなアイデアが出てくることもありますので、「もう交渉材料は出尽くした」と考える発想自体を持たずに、最後まで何かないかと探し続けてください。相手に新たな情報を要求するなど、可能性を探りつつ合意できる部分を見つけていくことが重要です。これは「妥協する」という意味とは違います。

交渉の目的は、単なる合意ではなく、双方が納得できる解決策を見つけることです。

無理に妥協点を探そうとすると、あとで後悔する結果になります。

合意に至らない場合でも、それが最良の結果であることもあるのです。**合意しない**

ことを決めるのも交渉なのです。

交渉は時間がかかる場合が多いです。焦らずに、じっくりと話し合いを進めることが大切です。急いで結論を出そうとすると、重要なポイントを見落とすことがあります。

落としどころを無理に探すのではなく、双方が納得できる合意点を見つけていくことが、交渉を成功させる秘訣です。

POINT

- 交渉では、合意ありきで、無理に落としどころを探ってはいけない。
- 合意しないことを決めるのも交渉。

第2章

交渉上手な人が必ず準備している7つのステップ

交渉は準備が9割

交渉を成功させるためには、事前準備が非常に重要です。**交渉は準備が9割**といっても過言ではなく、**効率よく効果的な準備ができていれば、それだけで優位にスタートラインに立てるのです。**

まず、準備をしないで交渉に臨むとどのようなことが起きるでしょうか。**何となく考えてきたというレベルだと、行き当たりばったりの対応になってしまいます。**「重要なことを伝え漏れてしまった」「相手に質問したいことがあったのに抜けてしまった」というようなことが起こります。

結果として、満足できる交渉結果を得ることが難しくなってしまいます。また、準備不足であれば、常に不安を抱えることになり、交渉のたびにストレスを感じることになるでしょう。

では、**準備をきちんとしておくと、**どのようなメリットがあるでしょうか。

一番大きいのは、**安心感です。**「自分はしっかり準備してきた」という自信を持って交渉に臨めます。

また、交渉でのやり取りに関しても、準備ができていれば、「この項目は想定どおりだ」「これは意外な反応だ」というように、**その内容をチェックしていく感覚で、交渉を進めることができるのです。**想定外の事態が発生したとしても、きちんと準備をしていれば、その数は多くはないでしょう。

準備の大切さはわかるが、具体的にどう準備すればよいのかわからないという方も多いでしょう。実際、交渉を体系的に学ぶ機会は少ないものです。

この章では、交渉を成功に導くための**「交渉準備の7ステップ」**を詳しく解説します。**登山で山頂を目指す際に道しるべが必要なように、交渉にも成功への道しるべが必要です。交渉準備の7ステップが、交渉を成功に導く道しるべとなります。**

この交渉準備の7ステップは、私が33年間の総合商社の現場で培った交渉の進め方を体系的にまとめたものです。それぞれのステップが、交渉においてどのように役立つのかを順を追って説明していきます。

このプロセスを理解することで、交渉の準備に対する不安を取り除き、しっかりとした計画を立てることができるようになります。

POINT

- 交渉は準備が9割。
- きちんと準備をすれば、安心してチェックしていく感覚で交渉ができる。
- 交渉準備の7ステップは、交渉を成功に導く道しるべ。

ステップ1

交渉に関する協力体制を築いておく

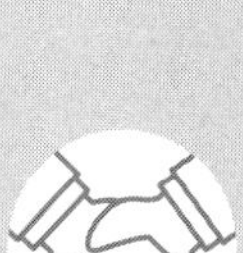

交渉の場面では、一人で相手と向き合うことがよくあります。特に日々の営業では、一人で交渉を進めることが多いかもしれません。しかし、成功するためには周りの力を借りることが大切です。つまり、協力体制を築くことが必要なのです。

まず、**自分の役割と責任範囲を確認しましょう。**自分がどこまでの権限を持っているのか、どこまで責任を負うのかを確認することが重要です。これを認識することで、困ったときに誰に相談すべきかがわかります。

さらに、上司に現状を報告してアドバイスを求めることや関係者に進捗状況を伝えておくことが大切です。これにより、必要なときに適切なサポートを受けられます。

協力体制を築くためには、周りを巻き込む力が求められます。これには単に助けを求めるだけでなく、自分の状況や意見を共有し、周りからのフィードバックを積極的に受け入れる姿勢も含まれます。

交渉が進む中で、自分が抱えている問題や疑問を関係者に投げかけることが重要です。一度にすべてを解決しようとするのではなく、**必要に応じてボールを渡し、周りのサポートを得ながら進める**ことで、より効果的な解決策を見つけることができます。そして、そのサポートを受け取ったら、新たに得た情報やアドバイスを元に交渉を進めることで、状況を改善し続けることが可能になるのです。

交渉するには事前準備が不可欠です。その準備の一環として協力体制を築くことが、交渉の成功に直結します。自分の役割と責任を明確にし、**周りを巻き込む**ことで、交渉の初期段階から強固な基盤を築くことができます。

協力体制を築くことは、自分一人の力に頼るのではなく、周囲の知識や経験を最大限に活用することを意味します。これにより、交渉の質を高めるだけでなく、ストレスや負担を軽減できます。特に難しい交渉では、この協力体制が欠かせません。

そして、協力体制を築くためには、日常からのコミュニケーションが重要です。定期的に関係者と情報を共有し、信頼関係を築くことで、いざというときにスムーズに協力を得ることができます。これにより、交渉の準備段階から実践に至るまで、常に最善の状態で臨めるようになるのです。

POINT

- 自分の役割と責任範囲を確認する。
- 周りを巻き込んで協力体制をつくり、周囲の力を最大限活用する。

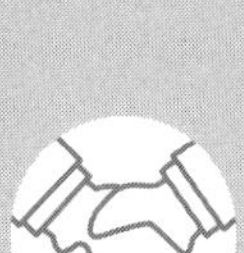

ステップ2

相手と自分の状況を正確に把握する

交渉を成功させるためには、まず相手のニーズを正確に把握することが大切です。

相手のニーズ、すなわち、「欲しいものの獲得」と「困りごとの解消」を把握することで、相手が本当に求めているものを見つけることができます。これが交渉の第一歩です。

相手がどんなことを大切にしているのか、その価値観を知ることも重要です。

例えば、相手の会社が掲げている**中長期的な経営計画**を調べたり、実際に働いている人たちの意見を聞くことが役立ちます。

現場の声を聞くことで、公式な発表だけでは分からないリアルな情報を得ることができます。**関係者からの生の声**は、交渉において非常に貴重な情報源です。

しかし、情報を集めるだけでは不十分です。**収集した情報に、自分たちの会社の強みをどう組み合わせるかがポイントになります。**相手のニーズに対して、自社がどのように役立つことができるのかを考えることで、価値を提供できるようになります。

例えば、相手が品質を重視している場合には、自社の製品の高い品質を強調することで、相手のニーズに応えることができます。

情報を収集し、分析する際には、二つの方法があります。

一つは**「縦に深く調べる」**ことです。特定の問題やテーマについて、詳細に調査し、掘り下げて深く理解することが重要です。

相手の会社の主力商品の売上推移や市場の動向について詳細に調べることで、より具体的な提案ができるようになります。

もう一つは**「横に広げて調べる」**ことです。得られた情報をもとに、関連する他の分野や要素についても広く調査することで、全体像を把握しやすくなります。このように、多角的に情報を集め、相手の状況を理解することが求められます。

また、**チーム全体で情報を共有することも大切です。**チームのメンバーが得た情報を持ち寄り、全員で話し合うことで、より正確な状況把握ができます。

例えば、営業チームやマーケティングチーム、技術チームがそれぞれ得た情報を共有し合うことで、より包括的な理解が得られます。情報の縦と横の連携を意識し、チーム全体で相手の状況を探るのです。

これにより、情報の精度が高まり、より効果的な交渉戦略を立てることができます。

具体例を挙げると、ある製造業の会社が新しい取引先との交渉を行う際、相手の会社の経営計画や現場の声を事前に調査しました。相手のニーズは高付加価値製品の拡充でした。そこで、自社の強みである開発力を駆使していくつかの製品を提案しました。このようにして相手のニーズに応えることで、交渉がスムーズに進みました。

また、スペック決定までのプロセスでは、相手からの具体的なフィードバックを元に、試作を重ね調整を図りました。結果的に、相手の期待を超える製品ができ、長期的な取引関係を築くことができました。

相手の情報を収集し分析する際には、常に自社の状況との組み合わせを考えることが重要です。**相手のニーズに対して自社がどのように対応できるのか、どのような提案が最も効果的であるのかを見極めることが、成功する交渉の秘訣です。**

POINT

- 相手のニーズや状況を正確に把握し、自社の強みとどう組み合わせるか考える。
- 情報の収集分析には、縦に深く調べるやり方と横に広げて調べるやり方がある。

ステップ3

交渉の目的を明確にして共有する

交渉の目的を考えるとき、私たちはつい「みんな同じことを考えているだろう」と思いがちです。

しかし、実際には微妙な違いがあることが多いのです。例えば、スポット取引としての価格を有利に設定することが目的なのか、それとも今後も長期的にパートナーとして付き合いたいのかによって、交渉の方法が変わってきます。

例えば、**他の条件は従来と同じで、価格交渉をする場合、誰しも価格の具体的な数**

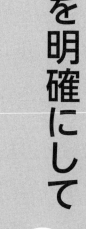

字にフォーカスします。この場合、相手とのやり取りは、当然ながら価格が中心になります。**一方、長期的なパートナーシップを目指す場合は、価格だけでなく、信頼関係や今後の協力関係をどう築くかも重要になります。**視点が異なるのです。

このように、**交渉の目的を、交渉する前にしっかりと社内で共有しておくことが大切です。**

パートナーシップを築く際には、**相手企業の重要度も考えなければなりません。**その企業が特別な技術やサービスを提供している場合、価格交渉よりもパートナーシップの強化に重点を置く必要があります。このケースでは、単に価格を交渉するのではなく、相手との信頼関係を築き、共通の目標を設定することが重要になります。

一方、相手企業に特別な強みがなく、どこからでも入手できる製品を提供している場合、相手企業の重要度は低くなり、価格や納期で決まるスポット交渉が中心となります。相手企業によって、交渉目的が変わってくるのです。

例えば、交渉前に社内で行うミーティングでは、「今回の交渉で当社として譲れない要望トップ3は何か?」「相手が重視する交渉ポイントはどこだろうか?」「相手と目的が一致する部分はありそうか?」など、**様々な角度から議論を重ねるのです。**

このプロセスを経て、結果として、**本来の目的、真の目的が何かを再確認し、共有するのです。**

目的が明確であれば、交渉の各段階で何を重視すべきかがはっきりし、無駄な摩擦を避けることができます。また、目的を共有することで、チーム全体が一丸となって交渉に臨むことができ、より良い成果を上げることが可能になるのです。

POINT

- 交渉の目的は、相手企業の重要度によって変わってくる。
- 様々な角度から議論を重ね、真の目的を再確認し社内で共有する。

ステップ4

最高目標と最低目標を設定する

交渉を成功させるためには、まず事前に目標を明確に設定しておくことが大切です。

ここでは、最高目標と最低目標の設定についてお話しします。

例えば、商品を売る場合、**最高目標は「この価格で売りたい」という理想の価格です。**そして、**最低目標は「この価格以下では売らない」というボトムラインです。**このラインを明確にしておくことで、交渉中に焦って不利な条件を受け入れることを防ぐことができるのです。

買う場合も同様です。最高目標は「この価格以下で買いたい」という理想の価格で、最低目標は「この価格までなら許容できる」という限界の価格です。これにより、予算オーバーを防ぎ、交渉が不利に進まないようにしておくのです。

しかし、**目標を設定する際には、価格だけに焦点を当てないことが重要です。**価格は、数量、納期、決済条件、契約期間、デリバリー方法など、様々な要素が組み合わさって決まるものです。したがって、**価格のみならず、これら付帯条件すべてを含めた目標設定が重要となります。**

商品を売る場合、単に高い価格で売れればいいというものではないのです。

例えば、**数量**によって価格が変わるのは容易に理解できると思います。いくら高くても、想定個数を大幅に下回ったら意味がありません。

また、急ぎの**納期**に間に合わせるために、残業しなければならなくなれば、残業代が生じます。この追加費用を販売価格に上乗せできなければ、利益率は減ってしまいます。

また、**決済条件**も重要です。一括払いか分割払いか、支払期限はいつか、金利はどうするかなど、これらの条件が価格に影響を与えます。

そして、**契約期間**も考慮すべきです。短期契約か長期契約かによって、価格設定やリスク管理が異なります。長期契約であれば価格を安定させることができますが、短期契約では市場の変動に柔軟に対応できます。

特に、相場の変動がある原材料などの売買には注意が必要です。

さらに、**デリバリー方法**も無視できません。物流コストや納期に影響を与えるため、先方の希望も考慮しながら、最適なデリバリー方法を選ぶことが重要です。

これらの要素をすべて考慮し、価格以外の条件も含めた目標を設定することで、交渉の成功率を高めることができるのです。

交渉の現場では、常に変動する状況に柔軟に対応することが求められますが、事前にしっかりとした目標設定を行っておくことで、その場の判断がより的確になります。

ぜひ、このステップをていねいに実行し、交渉の成功につなげてください。

POINT

- 理想の最高目標とボトムラインとしての最低目標を設定する。
- 価格以外の数量、納期、契約期間、決済条件、デリバリー方法などの目標も設定する。

ステップ5

提案する選択肢（取引カード）を準備する

交渉では、自分が何を要求するかを事前に準備しておくことが大切です。交渉の場面で行き当たりばったりで要求しようとしても、漏れがあったり、相手の反応に対応できずに変更を余儀なくされることがあります。

そのため、あらかじめリストを作っておくことが重要です。

これは、**提案する選択肢、いわゆる交渉の取引カードを準備するということです。**

まず、**絶対に譲れない項目、つまり「死守するポイント」の上位3つをはじめとし**

た重要事項の選択肢をリストアップしておきます。これにより、交渉中に何が最も重要かを明確にして、確実に守るべきポイントを把握できます。

一方で、**譲歩できる項目もリストアップしておきます。**これらは交渉の進展に応じて柔軟に対応していくものです。

例えば、価格、納期、品質といった主要な交渉ポイントについて、それぞれ優先順位をつけて整理しておきます。

価格は重要ですが、納期が守られなければプロジェクト全体に影響が出ることもあります。また、品質については、一定の基準を満たしていれば多少の譲歩が可能な場合もあれば、許されない場合もあります。

こうした項目を事前に細かく分け、各項目の優先順位を明確にしておくことで、交渉時に柔軟かつ迅速に対応できるのです。

譲歩の順番も事前に考えておくことが必要です。

相手が要求してくる項目に対して、どの部分なら譲歩できるか、また譲歩することでどんなメリットが得られるかを分析しておきます。一方的に譲歩してはいけません。一つ譲歩したら相手にも同様に一つ譲歩を求めることが基本です。

このとき、譲歩できる項目を細かく分けておくことで、交渉の幅を広げることができます。

選択肢を細分化しておくことは、とても重要です。**細分化された選択肢が多いほど、相手に対して柔軟な提案ができ、交渉を有利に進めることができます。**

交渉の現場では、相手の反応に応じて、細分化された選択肢をその場でいくつかにまとめることは比較的簡単ですが、ある選択肢をその場で細分化することは難しいものです。

例えば、価格交渉においては、先方の購買担当から**「価格を下げてほしい」**と要求された場合、相手のメリットとなる**「繁忙期での最優先生産」「プレミアムアフターサービス」**といった具体的な選択肢を提示するのです。

結果として、**価格以外の部分で、相手がメリットを感じてくれる価値ある提案ができれば、値下げをしなくても済むかもしれません。**可能性が広がるのです。

先方から提示された条件をベースに考えていただけでは、このような提案はできなかったのです。**それぞれの項目を細分化して選択肢を増やしたからこそ、提案できた話です。**これが、細分化の効果です。

POINT

- 絶対に譲れない選択肢、譲歩できる選択肢について、順位をつけリストアップする。
- 選択肢を細分化し、提案の幅を広げると、交渉を有利に進めることができる。

ステップ6

交渉が決裂した場合の対策を考えておく

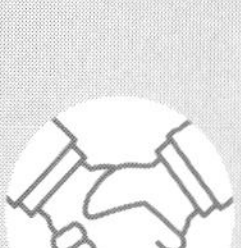

交渉は、合意を目指す話し合いですが、必ずしも成功するわけではありません。実際には、交渉が決裂することもあります。

交渉がうまくいかなかったときの対策を事前に考えておくことが非常に重要です。準備をしていれば、交渉の場で慌てることなく、冷静に対応ができるのです。

例えば、新商品を売り込みたいA社に対して、10000円で販売したいと考えているとします。最低でも9000円で売りたいところですが、A社が8500円しか出せないと言ってきたらどうしますか？

その場でどう対応するか迷ってしまうのではないでしょうか。しかし、事前に対策を考えておけば、冷静に対応できます。

まず、代替案を用意しておくことが大切です。A社が9000円で買ってくれない場合に備えて、B社にも事前に声をかけておきます。

例えば、B社が9000円で買ってくれるとわかっていれば、A社が8500円しか出せないと言ってきても、**B社に販売するという代替案があるため、落ち着いて交渉を続けることができます。**

また、**スペックの変更で対処することも考えられます。**現在提案している製品が相手の希望価格にマッチしない場合、素材の変更や機能の一部削減により、価格を下げる代替案を事前に用意しておくことで、交渉の場で柔軟に対応できるようになります。

　このように、**事前に相手の反応を予測し、様々なシナリオを準備しておく**ことで、交渉の場での不安や焦りを軽減できます。

　さらに、**交渉が決裂した場合の代替案を明確にしておくことで、無理な妥協を避け、相手に対して強い意志で交渉を進めることができます。**

　たとえ交渉がうまくいかない場合でも、相手との関係を大切にすることが重要です。交渉が決裂しても感情的にならず、相手に敬意を持って接することで、次回の交渉につながる可能性があります。長期的な視点で関係を保つことが重要です。

　いずれにしても、**交渉が決裂した場合の対策を考えておくことは、交渉の成功に向けた重要なステップです。**実際に決裂したとしても、慌てることはなくなるはずです。

POINT

- 交渉が決裂した場合の対策を事前に考えておくと、安心して交渉に臨める。
- 交渉決裂時の対策は代替先を探すだけではなく、スペック変更での対応もある。

ステップ7

交渉シナリオをつくり ロールプレイを行う

これまでのステップを振り返りながら、具体的な交渉シナリオを作成し、最後にロールプレイで、**準備の総仕上げを行います。**

まずは、**交渉シナリオを作りましょう。**このプロセスは、登山のときに地図を用意し、ルートを決めておくようなものです。このシナリオをつくることで、交渉の流れをイメージし、冷静に対応できるようになります。

シナリオを作成する際には、想定問答を準備することが重要です。相手がどんなことを質問してくるかを予測し、それに対する回答を考えておくのです。

シナリオができたら、次はロールプレイです。**ロールプレイは、3人1組で行うと効果的です。**自社役、相手企業役、そしてオブザーバーの3人で実施します。

ロールプレイが終わったら、自社役と相手企業役がうまくできたこと、できなかったことを振り返ります。さらに、オブザーバーが自分の意見を述べます。**この振り返りは、自分を客観視できる重要な時間です。**

例えば、「相手が説明を求めたときに、答えが曖昧だったので、相手が納得していないように見えた」といったフィードバックをオブザーバーが行います。第三者の視点からの意見を取り入れることで、気づきを促し交渉スキルを向上させるのです。

さらに、**役割を交代して行うことで、異なる視点から交渉を体験できます。**

このように、シナリオを作成し、ロールプレイを行うことで、交渉の流れをシミュレーションし、本番での対応力を高めることができるのです。

交渉はスポーツと同じです。頭で理解するだけではなく、実際に体を動かし、トレーニングを積むことで、本番で力を発揮できるようになります。練習あるのみです。

なお、「交渉準備の7ステップ」については、拙著『ビジネス交渉力の鍛え方　元商社マンが明かす最強！最速！の鍛え方！』（セルバ出版）でも詳しく説明していますので、ご参考にしてください。

POINT

- 交渉シナリオをつくり、ロールプレイを行うことが準備の総仕上げ。
- ロールプレイは3人1組で、役割を交代しながら行うと効果的。
- ロールプレイ終了後に振り返りを行い、自分を客観視することが重要。

第3章

交渉上手な人が交渉するときに実践していること

相手の反応を見ながら臨機応変に対応する

交渉において、まず何を意識するかがとても大切です。でも、ただ意識するだけでは交渉はうまくいきません。その意識を行動に移すことが必要です。

そして、交渉準備の仕上げとして、ロールプレイを行うというお話をしました。

いよいよ、ここからは実交渉になります。

実際の交渉では、思いもよらないことが起こるものです。

大切なのは、相手の反応を見ながら臨機応変に対応することです。相手の反応を見るというのは、発言内容だけでなく、表情や態度も観察することです。これによって、相手の本音や気持ちを理解するのです。

選択肢（取引カード）をどう提案するかを考える

交渉の準備をする際に、選択肢をリストアップすることはとても大切です。交渉準備のステップ5で、この選択肢を準備し、リストを作りました。今回は、この選択肢をどう提案していくかについて説明します。

まず、交渉の基本として、**最初のオファーは相手にさせることが重要です。**これは、相手が何を考え、何を重視しているかを知るためです。事前に調べた情報が実際と違うこともあるので、相手の出方を見ながら進めることが大切です。

そして、**相手の反応を見てから提案をすることが効果的です。**

選択肢の取引カードのリストはすでに用意していますが、これを相手の様子を見ながら、相手が受け入れやすいものから順番に提示します。選択肢というのは要望の項目でもあり、譲歩の項目でもあります。要望を取り下げれば、それは譲歩になります。そして、どの選択肢を譲歩するかは、大切な要望を通すための戦略にもなります。

相手のニーズに対して、自分の強みをどう打ち出すかが重要です。

相手にとっては非常に重要だけれども、自分にとってはそれほど重要でないもの、つまり**譲歩しても負担が少ないものを取引カードとして使います。**

私の商社時代の話です。コートを生産し、大手小売店に納めていました。コートは寒くなると急に売れ出す商品です。

当初は1箇所の総合センターに納品する予定でしたが、寒波が来たために、先方から1日でも早く納品してほしいと依頼がありました。

それに応えて、**全国数カ所に裁縫工場からコートを直送しました。**これにより、先方は1日~2日、早く各店舗に商品が届き、先方は大きなメリットを得たのです。

当時、運送会社とのパイプもあり、全国配送についてもそれほど負担ではありませんでした。しかし、先方にとっては非常に大きなメリットとなったのです。

この直送対応は、**先方にとっては重要な（要望の）選択肢ですが、当方にとってはそれほど重要ではない（譲歩の）選択肢と言えます。**この譲歩により、他の発注や次回の契約で、有利な条件を引き出すことができたのです。

POINT

- 最初のオファーは相手にさせて、相手の反応を見ながら選択肢を提案する。
- 選択肢は要望の項目でもあり、譲歩の項目でもある。
- 有利な条件を引き出すために、臨機応変に要望と譲歩の選択肢を使い分ける。

「仮に」を使って相手の本音を探ってみる

交渉の場面で「仮に」という言葉はとても役に立ちます。**「仮に」を使うことで、相手に新しい前提を提案し、その前提に基づいた意見を聞くことができます。**

例えば、**「仮にこの条件が満たされるとしたら、どのような対応をしてもらえますか?」**と質問することで、相手の本音を引き出すことができるかもしれません。少なくとも、相手から何かしらの意見は聞けるのですから、参考になるはずです。

さらに、交渉の焦点を一気に変えることができます。交渉が行き詰まったときや、相手の反応が鈍いと感じたときに、議論をリフレッシュするのに役立ちます。

例えば、**「仮に予算が無制限だったとしたら、どんな提案ができますか?」**という質問をすると、現実的ではなくても、相手に新しい視点を持たせることができます。

「仮に」を効果的に使うためには、事前の準備が重要です。

どのタイミングで、どのような形で「仮に」を使うかを計画し、本番では臨機応変に対応することが求められます。相手が予想外の反応を示した場合にも対応できるように、複数のシナリオを準備しておくことが大切です。

例えば、購買担当として、ある製品の価格交渉をしているとします。サプライヤーが価格の据え置きに対して強く抵抗している場合、**「仮に値上げが認められたとしたら、提供できる追加サービスは何かありますか？」**と質問します。

こうすることで、相手が価格以外の価値に目を向けるようになります。同時に、値上げするためには、追加の価値を提供しなければならないと感じるでしょう。

購買担当として、**ただ単に、値上げを認めるのではなく、最大限の価値を相手から引き出す流れをつくったのです。**

さらに、**「仮にあなたが私の立場だったら、どうすればいいと思いますか？」**という質問も効果的です。この質問は、相手にこちらの立場を想像させ、より具体的な提案や意見を引き出すのに役立ちます。

相手がこちらの立場で考えることで、彼らの本音や内心の考えが浮かび上がり、交渉がスムーズに進むことが期待できます。

「仮に」という言葉を使って交渉を進めることで、相手の本音を引き出し、交渉の幅を広げることができます。この方法をマスターすることで、あなたの交渉力は一段と向上するでしょう。ぜひ、実際の交渉で試してみてください。

POINT

- 「仮に」を使って、新しい前提を相手に提案し、意見を聞くことは有効。
- 「仮に」を使った質問に対する回答から、相手の本音を読み取る。

時と場所をずらして交渉の前提を変えてみる

前項で、「仮に」を使って前提を変えることが有効だという話をしましたが、今回はさらに具体的に、時と場所をずらすことによる交渉の前提変更について説明します。

「時をずらす」例として、**大リーガーの大谷選手が球団と契約したときの話**を考えてみましょう。大谷選手の契約金は10年で1000億円を超えていますが、**その支払額のほとんど（90数％）を10年後以降に受け取る**ことになっていると聞きます。

支払いのタイミングをずらすことで、球団にメリットを与えることができます。

支払いが後ろにずれることで、球団は手元に残った資金を他の選手の獲得や球団運営に使うことができるのです。単に総額を提示するだけでなく、支払いスケジュールをずらすことで、相手にとっても魅力的な提案になったと思われます。

次に、**「場所をずらす」**という概念について説明します。

これは、実際の交渉場所を変えるという意味もありますが、**交渉の対象となる事柄を変えるという意味にもなります。**

例えば、**トラブル交渉**などで相手と対立した場合、**自分の主張や正当性を最も強くアピールできる1点に焦点を絞ることで、交渉を有利に進めることができます。**

これは、どちらかに明らかに100%落ち度があるような場合ではなくて、どちらにも言い分があるようなトラブル交渉を前提としています。

こういう場合は、**自分に有利な交渉材料を前面に出し、その切り口のみで相手に対抗し、一点突破でピンチを切り抜けるのです。**

「まずは、この点について解決しましょう」と進めるのです。どこを一点突破するかの見極めが重要です。客観性があったり、社会通念上主張できそうなものがあれば、それを強調するのです。

ただし、相手を追い詰めすぎない余裕も必要です。一点突破はあくまでも作戦です。交渉全体を俯瞰しながら、円満解決の道を探ることが大切です。

一般的には、交渉はパッケージで考えるのが原則ですが、特定の状況では一点突破の方法も有効です。

交渉の際には、時と場所をずらすことで、交渉の幅を広げたり、焦点を絞ることができます。このような柔軟な発想が交渉には必要なのです。

POINT

- 時をずらすことで、相手にメリットを与え、交渉を有利に展開する。
- 特定の状況では、自分に有利な一点突破の交渉が有効な時もある。

グッドコップ・バッドコップ戦術をうまく使う

ここでいう「コップ」とは刑事のことです。これは、**強硬な刑事と好意的な刑事の二人が一組になって容疑者に働きかける戦術です。**強硬な刑事が厳しく問い詰める一方で、好意的な刑事は優しく接します。

すると、容疑者は**好意的なグッドコップが自分の味方だと感じ、グッドコップに自白してしまうのです。**あらかじめ二人が役割分担をして取り調べに当たるこの戦術は、実際の交渉でも使えるテクニックです。

例えば、**複数人で交渉に臨むとき、この戦術が応用できます。**一人が強硬な立場を取る一方で、もう一人が相手に共感し、協力的な姿勢を見せることで、相手から有利な条件を引き出すのです。

さらに、**このグッドコップ・バッドコップ戦術には一人芝居バージョンもあり、こ**

れが特に有効です。

ここでは、**自分が好意的なグッドコップの役割を演じ、架空のバッドコップ（上司、役員会、社内ルールなど）を設定します。**

例えば、「あなたの立場や気持ちがよくわかります。私も何とかあなたの要望を受け入れたいのですが、**私の上司がＯＫを出さないのです**」と説明します。**自分は協力的であるが、他の要因によって合意が難しい**と演出するのです。

さらに、**「バッドコップを説得するためにあなたの力を貸してくれませんか？」「一緒にバッドコップを納得させるために協力してほしいのです」と相手に協力を求めます。**

「何か少しでも譲歩できる部分はありませんか？」と尋ねることで、相手から譲歩を引き出すのです。この方法は、相手に対してプレッシャーをかける一方で、協力的な関係を築くことができるため、非常に有効です。

このとき、バッドコップの存在を適切に演出し、その厳しさを強調しながらも、協力を得るための共感を示すことが重要です。

この一人芝居バージョンのグッドコップ・バッドコップ戦術を使える機会は多いので、是非、実践で試してください。ただし、極端にやりすぎると信頼を失いかねませんので注意も必要です。

POINT

- グッドコップ・バッドコップ戦術とは、強硬な刑事役との比較で、好意的な刑事役を味方に感じさせる手法。
- 一人芝居バージョンのグッドコップ・バッドコップ戦術は、使える機会が多い。

あえて相手に手柄を与えることで良い流れをつくる

交渉は、自分の要望と相手の要望、そしてそれぞれの譲歩をやり取りすることで成り立っています。

もちろん、自分の要望を優先することが基本ですが、ときには相手に手柄を与えることも大切です。**「損して得取れ」の精神とも言えます。**

このためには、事前の準備が欠かせません。交渉の場で突然「これは譲ってもいいかな」と思いつきで決めるのではなく、**あらかじめ譲れるポイントを決めておきます。**

例えば、初めての取引で相手に大幅な譲歩をすることがあります。このような譲歩をすることで、相手が社内で評価され、結果としてあなたとの信頼関係が深まります。

長期的な視点で見ると、こうした譲歩は将来のパートナーシップを強化するための投資となるのです。

また、こちらが相手に対して配慮することで、相手もそれに応じてくれることが期待できます。

短期的な利益を追求するのではなく、長期的な信頼関係を築くことが重要です。

そして、良好な関係を維持するためには、相手がどのようなことに価値を置いているかを理解した上で、日頃からコミュニケーションを取ることが大切です。

POINT

- 「損して得取れ」の精神で、最初に相手に譲歩し、手柄を与える。
- 短期的な利益を追求するのではなく、長期的な信頼関係を築くことが重要。

交渉しながらコミュニケーション方法を工夫する

交渉では、相手の出方を見ながら臨機応変に対応することが大切です。

まずは、**相手の話をじっくり聴きながら相手のスタイルや強みや課題を理解することが必要です。**その人が何に心を動かされるのか、どうすれば行動を促すことができるのかを考えましょう。

その上で、交渉中のコミュニケーションでは、ただ単に情報を伝えるのではなく、どの言葉が効果的かを考え、相手に響くように工夫して伝えることが重要です。

相手に伝わるまで、相手の反応を見ながら柔軟に対応することが重要です。

ストーリーで話すと相手の記憶に残る

交渉で自分の話が相手の心に残るようにするためには、ストーリー仕立てで話すことがとても効果的です。

特にドラマチックなストーリーは、相手の記憶に強く刻まれます。断片的に情報を伝えるのではなく、一つのまとまった物語として話すことで、相手はそのシーンを頭の中で映像として思い浮かべることができるからです。

ストーリーをつくる際には、誰にでも起こり得るエピソードでインパクトの強いものを選ぶと、相手も共感しやすくなります。

特に、自分の体験談を交えて話すと、相手にとっても理解しやすくなります。

ストーリーで語るときには、良い面だけを伝えるのではなく、悪い面にも少し触れる方が現実的で信頼性のあるものになります。このとき、悪い面は強調しすぎず、最小限に留めることがポイントです。

また、**ストーリーは強弱をつけて話すとよいでしょう。**

例えば、問題や困難が最初にあり、それをどう乗り越えて成功に至ったのかを順番に話すことで、話の流れが自然になり、相手の興味を引きやすくなります。

感情の起伏をつけることで、相手も感情移入しやすくなります。ドキュメンタリー番組によくあるように、**失敗から成功へという流れ、すなわち、谷と山をつくって話すのも効果的です。**

ある営業パーソンの話です。弁が立つ彼は、相手を言いくるめる形で商品を売り込み、販売を伸ばしていましたが、次第に顧客が彼の強引さを嫌い離れていきました。

彼はその原因が顧客と信頼関係を築けていないことにあると気づき、それ以降、相手目線で寄り添う営業を心がけた結果、売上が回復したのでした。
実はこれ、恥ずかしながら、私の若いときの話なのです——とやるのです。

このように、**最初の失敗に触れながら、最終的な成功を強調することで、相手に強い印象を与えることができます。**

そして、**ストーリーを話すときには感情を込めることが重要です。**

特に、自分の話をするときは、自分の経験を熱く語ることで、相手もその情熱を感じ取り、より深く共感してくれるでしょう。

POINT

- 失敗から成功へのドラマチックなストーリーは、相手の記憶に残る。
- 自分の体験を感情を込めて話すストーリーは相手の共感を誘う。

少しだけ先回りして話すと相手は共感する

交渉が順調に進んでいると感じたときに、少しだけ先回りして話すことで、相手からの共感を得ることができます。

この話し方をすると、**自分の考えを相手が理解してくれていると感じさせるだけでなく、自分が心配していることまで見通してくれていると思わせることができます。**

よく会話が進んでいるときに、相手の発言から「この人はこう考えているだろうな」と想像できることがあります。その際に、相手がまだ言っていないことを先回りして話すと、相手は**「この人は自分の考えをちゃんとわかってくれている」**と感じ、信頼感が生まれます。

例えば、**「もしかすると、こういう不安があるかもしれませんが、それについてはこういう対策を考えています」**と少し先回りして説明することで、相手の不安を取り除き、共感を得ることができます。

先回りして話す際のポイントは、**相手の発言から予測できることを念頭に置き、それに対してプラスαの情報や提案を加えることです。**

特に、相手が気にしていると思われる不安や問題について、相手が言い出す前に触れて、その解決策を示すことが効果的です。

例えば、新製品の価格に懸念がある顧客との面談の例です。

「価格についてですが、初期コストは少々高めですが、長期的に見ればメンテナンスコストが低く抑えられるため、トータルコストで考えると非常にお得です」と説明することで、**相手の懸念を先回りして解消することができるのです。**

一方、先回りすることが難しい場合もあります。

そのようなときは、相手が何かを話した後に、**「そうですね、私もそれについて考えていました」と同意することも有効です。**

この方法では、相手が言ったことにすぐに反応して同意することで、相手に「この人は自分と同じ考えを持っている」と感じさせることができるのです。

これは、いわば**「後出しじゃんけん」**のようなもので、相手が話した内容に同意し、自分も同じ考えを持っていることを伝えることで、相手からの共感を得る方法です。

自分が相手の考えや感情を理解していることを伝えることが大切です。**相手が「自分のことを理解してくれている」と感じると、自然と信頼関係ができてくるのです。**

POINT

- プラスαの情報を加えて、先回りして話すと相手は共感し信頼関係ができやすくなる。
- 後出しじゃんけんのように、相手が発言したらすぐに同意することも有効。

事例で話すと相手は自分に置き換える

交渉の場で、話をわかりやすくするために事例を使うことはとても有効です。具体的な**事例を使うことで、相手により明確に伝わりやすくなります。**

さらに、事例を使うことには他にも大きな効果があります。それは、**相手がその事例を自分自身に置き換えて考えるようになることです。**

例えば、直接「あなたの会社はこうした方がいいですよ」と言うと角が立ちます。でも、**「A社はこうして失敗した」**という事例を話すと、相手は自然と「このままだと自分の会社もA社と同じようになってしまうかもしれない」と考えます。

また、**「B社はこうして成功した」**という話をすると、相手は「自分もそうすればB社のように成功するかもしれない」と前向きに考え、行動するようになるのです。

さらに、**事例をホワイトボードで、視覚的に示すことも効果的です。**

頭の中だけでなく、目に見える形で情報を共有することで、理解が深まるのです。

また、相手のアイデアに問題がある場合でも、直接相手に指摘をするのではなく、**ホワイトボードに書かれている事柄に対してコメントをすることで、柔らかく指摘ができるという利点もあります。**

そして、事例を使う際には、**相手が共感しやすい、具体的で関連性のある事例を選ぶことで、その効果はさらに高まります。**

POINT

- 具体的な事例で話すと相手に伝わりやすい。
- 事例を聞くと相手は自分に置き換えて考える。
- 相手の発言ではなく、ホワイトボードに書かれた事柄を指摘すると角が立たない。

心理的アプローチを意図的に使う

交渉には、理論的にアプローチする方法と、心理的にアプローチする方法の2つがあります。理論的に正しいだけでは人は納得しません。

例えば、ある車が性能が良くて価格が安いとしても、デザインが気に入らなければ購入しません。これは、人間が感情で動くことを示しています。理論的な損得よりも、好き嫌いの感情が優先されることが多いのです。

そのため、交渉では相手の感情にどうアプローチするかが重要になります。

相手の立場に共感し、相手の気持ちを理解しようとすることが大切です。これにより、相手が感情的に受け入れやすくなり、より良い合意を得ることができます。

相手にお返ししたいと思う心理〝返報性の法則〟

皆さんは、**誰かから親切にされたとき、その人にお返しをしたくなる気持ち**になったことがありませんか。

このような心理を**「返報性の法則」**と呼びます。

かつてヒットしたドラマで「やられたらやり返す、倍返しだ」といったセリフがありましたが、これは悪意の返報性を表しています。

ここでは好意の返報性についてお話しましょう。

もし自分を理解してほしいと思うなら、まずは相手を理解しようと努めることが必要です。

また、**相手に信用してもらいたいなら、まず自分から相手を信用する**ことから始めるべきです。

つまり、**「まずは自分から」**という姿勢を持つことが重要です。ギブアンドテイクでは、**「ギブ」から始める**ことが基本です。

例えば、普段は話さないような個人的なことを、**「あなただから話します」**と本音を話すと、相手も心を開きやすくなります。

ただし、あからさまに見え見えのやり方は逆効果です。

重要なのは、自然で誠実な態度で接することです。**自己開示をすることで、自分から相手にオープンな姿勢を示すことが大切です。**

ビジネス交渉の場でも、まず自分から情報を提供し、相手が安心できる環境をつくることが重要です。

さらに、会議の場で相手の意見を尊重し、その意見に対して建設的なフィードバックをすることや、相手が困っているときにはサポートすることも大切です。

返報性の法則は、人間関係全体を円滑にするためにとても重要な心理的法則です。

相手に対して誠実な気持ちで接し、まず自分から好意を示すことで、相手からの好意的な反応を引き出しましょう。

POINT
- 「返報性の法則」とは、相手に何かを施されたら、お返しをしたくなる心理法則。
- ギブや自己開示など、まずは自分から行動することが大事。

ぶれない人でありたいと思う心理〝一貫性の法則〟

皆さんは、言うことがころころ変わる優柔不断な人よりも、筋が通った一貫性のある人だと思われたいと考えることはありませんか？

これが **「一貫性の法則」** と呼ばれる心理です。この法則は、**一度決めた態度や行動に一貫性を持たせたい**という人間の心理に基づいています。

この心理学的アプローチを交渉で使う方法の一つが、**「Ｙｅｓを積み重ねさせる」**という方法です。相手が受け入れやすい簡単な質問から始めて、徐々に自分が望む内容についてもＹｅｓを引き出すようにもっていくのです。

具体的には、まず相手の意見や過去の行動に対して**共感**を示します。「今までの功績は素晴らしいですね」といった形で、相手の努力や思いを**肯定**します。

そして、「その基本的な考え方は変わらないですね」と**相手の一貫性を尊重する姿**

勢を示します。 こうした共感の積み重ねにより、**相手は自分の態度や行動に一貫性を持たせたい**と感じ、次のステップでもＹｅｓを引き出しやすくなるのです。

このＹｅｓの中に、こちらの要望をうまく絡めていくのがポイントです。

一貫性を保つことは、個人の信頼性を高めるだけでなく、組織全体の信頼性も高めます。

企業は一貫したポリシーや価値観を持ち、それを社員全体で共有し実行することで、顧客や取引先からの信頼を高めています。ここにもアプローチしましょう。

POINT

- 「一貫性の法則」とは、態度や行動に一貫性を持たせたいと思う心理法則。
- 相手の一貫性を尊重する姿勢を示すことが効果的。
- 一貫性を保つことは、個人のみならず組織の信頼性も高める。

入手しづらいものに価値を感じる心理 〝希少性の法則〟

交渉をうまく進めるためのポイントの一つに**「希少性の法則」**というものがあります。これは、**手に入りにくいものほど価値があると感じる心理**を利用したものです。

あなたの会社が持つ特別な技術やサービスが、他では手に入らないものであれば、それが大きな強みになります。

まず、**自社の技術やサービスが他の会社では提供できないものであれば、その希少性を強調することが重要です。**

例えば、「この技術は当社だけが持つ特許技術です」とはっきり伝えるのです。あるいは、技術的には特筆すべきものがなくても、納期が他社の半分で提供できるのであれば、それは希少性があるということになります。

日本人は謙虚で奥ゆかしいことが美徳とされますが、**交渉の場では遠慮は不要です。自分たちの強みをしっかりとアピールしましょう。**

もし、相手があなたの会社の強みを十分に理解していないと感じた場合は、こちらから積極的に伝えることが大切です。

例えば、**「このサービスは他社では提供できません」**と明確に伝えることで、相手にその価値を理解してもらうのです。

また、希少性を強調する方法として、**「今だけ」「ここだけ」「あなただけ」**といった限定的なアプローチも時に有効です。

例えば、「この価格で提供できるのは今だけです」と提示することにより、相手はその希少性の価値をより強く感じ、早く決断するようになります。

さらに、**他社との違いを具体的に示すことも効果的です。**

例えば、「他社にはない○○機能を持っています」といった具体的な比較を用いることで、相手にあなたの会社の優位性を理解してもらいやすくなります。

交渉においては、希少性のある**自社の強みをしっかりと伝えることが成功の鍵となります。**

希少性には、技術やサービスだけでなく、企業のブランド力や信頼性なども含まれます。これらを総合的に考え、相手にその価値を伝えることで、交渉の成功率は飛躍的に向上します。

常に自社の強みを再認識し、それを効果的に伝える姿勢を保つことが、交渉の成功につながるのです。

POINT

- 「希少性の法則」とは、手に入りにくいものほど価値があると感じる心理法則。
- 自社の希少性（技術、サービス、ブランド力、信頼性等）をしっかり強調する。

枠組みを変えるだけで状況が変わったと感じる心理 〝リフレーミング〟

交渉するとき、**全体を俯瞰**して見ることや**特定の部分にズームイン**することも重要ですが、枠組みを変えて、交渉案件をとらえ直すことも有効です。

このように**枠組み（フレーム）を変えることを「リフレーミング」と言います。**

例えば、2つの絵を比べて、間違い探しをするクイズに参加しているとします。絵には人物や動物が描かれていますが、**全体を見ても違いがよくわかりません。**

「動物をよく見てください」とヒントが出ました。全体ではなく、**動物に焦点を当てた枠組みに意識を変えると、犬のしっぽの長さが違うことに気がつきます。**

このように、**枠組みを変え、視点を変えることで、今まで見えなかった違いや重要な点が明らかになるのです。**

例えば、価格交渉の際、コスト構造だけでなく、サービスの付加価値まで含めてリフレーミングしてもらうことで、展開が変わってくるのです。

また、相手が何に価値を感じ、どのような懸念を抱いているのかを理解するためには、**相手の視点から物事を見直すリフレーミングが効果を発揮します。**

交渉には、全体を見渡す視点と特定の部分に焦点を当てる視点の両方が必要です。リフレーミングの技法を使い、枠組みや視点を柔軟に変えることで、相手からより多くの情報を引き出せれば、相手の真のニーズに基づく提案ができるようになります。

POINT

- 「リフレーミング」とは、違う枠組みで見ると、見え方も違ってくると感じる心理法則。
- どういう枠組みでどの視点にリフレーミングするかが重要。

最初に提示された極端な数値を基準に考える心理“アンカリング”

皆さんも、「定価10000円のところ今日は5000円です！」というセールに遭遇したことがあると思います。

初めに提示された金額が、本当にその商品の価値かどうかはわからなくても、**最初に10000円と言われると、それが基準となり、5000円なら買おうかなと思ってしまいます。**

交渉でも**相手が極端な数値を最初に提示すると、それを基準に考えてしまうのが人間の心理です。**この心理現象を**「アンカリング」**と言います。アンカーとは船の錨のことで、頭の中でその数値が固定されることを意味します。

アンカリングを相手に使われた場合には注意が必要です。**最初に提示された数値や**

価値が本当に正しいかどうか、相場や他の情報を基に確認することが大切です。

自分が、アンカリングを効果的に使うときには、極端すぎない高めの数値を提示することが大切です。

根拠のない極端なアンカリングは逆効果ですが、**説得力のある価値を示しながら、高めの価格を提示**した上で、「特別に御社にだけ」という形で値引きを行えば、相手は魅力を感じるでしょう。

POINT

・「アンカリング」とは、最初に提示された極端な数値を基準に考えてしまう心理法則。

・極端すぎないアンカリングは、交渉を有利に進める効果的な手段。

第4章

インフレ時代の価格交渉のコツ

売りの交渉と買いの交渉は表裏一体である

価格交渉において、交渉の当事者は売り手と買い手です。一つの交渉をどちらの立場から見るか、どちらの立場で交渉に臨むかが重要になります。言い換えれば、売りの交渉と買いの交渉は表裏一体なのです。**この売り手と買い手の両方で使えるのが価格交渉術です。**

両方に共通しているのは、相手目線で考えることが大切だという点です。

日本は長い間デフレの時代が続いてきました。デフレ時代の価格交渉は、買い手の立場ではできるだけ安く買うというシンプルなもので、売り手も値上げが難しく、価格交渉には消極的でした。

しかし、いまや日本はインフレに転じ、物価上昇に直面しています。

インフレの時代には、交渉の仕方も変わります。

売り手としては、原材料や人件費等のコストが上昇する中、販売価格を上げないと利益が出ません。

このとき、**単に値上げを要求するだけではなく、その理由をしっかり説明する必要があります。**コストが上がった理由を明確にし、それが妥当であることを買い手に理解してもらうことが重要です。

一方、買い手としては、**仕入価格の上昇分をただ抑えるだけではなく、その価格に見合った価値を引き出すことが求められます。**同じ価格でも品質やサービスが向上するようにサプライヤーと交渉することが重要です。

価格交渉では、**売り手はできるだけ高く売りたい**と考え、**買い手はできるだけ安く買いたい**と思っています。お互いの立場を理解し、相手が何を求めているのかを考えることが重要です。

例えば、売り手が製品の品質を強調する場合、買い手はその品質が価格に見合っているかを評価します。

一方、買い手が価格の引き下げを求める場合、売り手はその要求に応じることでどのようなメリットが他に得られるかを考えます。発注数量が何倍にもなるなどのメリットがあれば検討の余地が出てくるかもしれません。

交渉において、**売り手は買い手のニーズを理解し、買い手は売り手の価値を理解することで、双方にとって有益な合意を見つけることができます。**

また、売り手と買い手の立場を理解するためには、相手の立場に立って自分を見つめ直すことも重要です。**自分が相手にどう見えるかを考える**ことで、交渉の戦略をより効果的に立てることができます。

このように、売りと買いの交渉は表裏一体であり、**相手目線でどうすれば相手が納得するかを考える**ことが交渉を成功させるポイントになります。**価格交渉を成功させるには、このような視点の転換と相互理解が欠かせません。**

POINT

- 売りの交渉でも、買いの交渉でも、相手目線で納得ポイントを考えることが重要。
- 価格の数字面だけでなく、視点の転換と相互理解で合意を目指すことが大切。

価格交渉の3つの基本

価格交渉には特別な魔法の杖があるわけではありません。

重要なのは、特別なテクニックではなく、基本をしっかり押さえて取り組むことです。焦ってやみくもに値上げを要求することは禁物です。余裕を持つことが大切です。

まずは、**相手の状況を理解する**ことから始めましょう。

次に、**相手目線**で、工夫を凝らした提案をすることです。値上げの理由を具体的に説明し、相手が納得できるようなデータや根拠を示すことが重要です。

そして、価格がどのように決まるのか、基本に立ち返りましょう。様々な条件が組み合わさった結果、**価格は1番最後に決定されるもの**です。この本質を理解した上で、正しい順序で価格交渉を進めていきましょう。

相手の情報を最新にアップデートする

今の世の中は、あっという間に変わっていきます。したがって、交渉を成功させるためには、相手の情報を常に最新にアップデートすることが不可欠です。

特に価格交渉において、相手がどのようなプロセスを経て進めていくのか、最近の傾向や変化などをウォッチしましょう。

例えば、**同業他社が値上げをしたタイミングで自社も同様の交渉を行うことが重要です。**もし、他社の値上げが終わっている段階で、後から値上げをお願いすると、相手から「もっと早く言ってくれれば…」という反応が返ってくるかもしれません。

そのため、**相手企業のみならず同業他社の動きなど、周辺の最新情報にもアンテナ**

を張っておく必要があるのです。

また、相手企業の業績にも注意を払いましょう。業績が悪化している場合は、値上げの交渉は難航するかもしれません。

逆に、好調なときは、値上げを受け入れてもらえる可能性が高くなります。

さらに、**相手企業との取引関係が一方的ではなく、買いと売りの両方がある場合、最大限それを活用したいものです。**

例えば、購買部が相手企業からの値上げ要求を受け入れた場合、その情報を共有した営業部は、「弊社の購買部が、御社の値上げ要請をかなり受け入れたと聞いています。全社的なお付き合いを考慮いただき、今回の弊社の値上げも認めてもらえませんか」と交渉するのです。**購買部門と営業部門の部門間での意見交換や情報共有を積極的に行うことで、交渉を成功させるための基盤をつくることができます。**

相手のニーズや市場環境の変化も常に把握しておきましょう。相手企業のライバルや顧客の動向、決裁ルートの変更など、これらの情報を常に最新のものにアップデートすることで、交渉においてより有利な立場を築くことができます。

また、相手企業がどのようなルールで値上げを受け入れるのかを確認することも重要です。これにより、交渉の際に相手のルールに沿った提案を行うことができ、交渉を有利に進めることができます。

このように、**価格交渉のタイミングやルールも事前に確認しておくことが大切です。**

POINT

- 相手企業に加え同業他社情報も常にアップデートし価格改定のタイミングを計る。
- 営業部門や購買部門など、社内で情報共有を行い、価格交渉の材料を収集する。
- 相手企業の価格改定のタイミング、決裁ルート、キーマンに変化がないかウォッチ。

相手目線ですべてのものごとを考える

価格交渉で成功するためには、**相手目線**で考えることが非常に重要です。なぜなら、**価格改定の最終決定権を持っているのは相手だからです。**

価格改定を納得してもらうためには、相手が感じるメリットや納得感を引き出す必要があります。

言葉の使い方にも工夫が必要です。「値上げのお願い」ではなく、**「価格改定のお願い」**と言う方が、相手に受け入れられやすくなります。これも相手目線の発想です。

まず、**原材料のコストが上がったから値上げをするというのは自分目線の考え方です。**もちろん、コストが上がった分を自社で吸収するのは難しいですし、利益が減ってしまいます。

ただ、現実的には、単に「コストが上がったから値上げをする」ということだけでは、厳しい相手の場合、簡単には納得してもらえません。これが現実です。

一方で、**価格改定の提案と同時に、相手にとってプラスになる新しい提案を持っていく**とどうでしょうか。

例えば、**「今回の価格改定に伴い、御社にとって役立つ新しい提案も考えてきました」**といった形です。これならば、相手も話を聞く気持ちになります。

価格交渉の場では、相手が何を重視しているかを理解することがポイントになります。そのためには、相手のビジネスや業界の状況をリサーチし、相手が直面している課題や目標を把握することが重要です。

次に、**自社の提案が相手にどのようなメリットをもたらすのかを明確に伝えることが大切です。**

例えば、コスト削減、業務の効率化、新しい市場の開拓など、相手にとって具体的なメリットを提示することで、相手も前向きに検討する気持ちになるでしょう。

さらに、**交渉のタイミングも考慮する必要があります。**相手の予算編成の時期を見計らって提案を行うことで、受け入れられる可能性が高まります。

具体的なステップとしては、まず**相手のニーズ**を理解し、それに応じた**メリットを提供**することです。

次に、**相手の反応や要求に柔軟に対応し、提案を調整する姿勢も大切です。**

価格改定の場面だけでなく、すべての交渉において相手目線で考えることは、成功の秘訣です。相手にとって価値のある提案をすることを心がけましょう。

POINT

- 価格改定の最終決定権を持っているのは相手なので、相手目線が必要。
- 価格改定の際、相手がメリットを感じる新たな提案も合わせて行うと良い。

価格は1番最後に提示することが重要

価格は、単に商品やサービスそのもの価値だけではなく、多くの条件を踏まえた上で決まるものです。

まず、価格は**数量**で変わります。同じ商品でも、1個買うのと100個買うのでは値段が違いますよね。

また、**納期**も大事です。すぐに欲しいのか、1ヶ月後でも良いのかによっても価格は変わります。

さらに、**品質、決済条件、契約期間、デリバリー条件、アフターサービス**など、様々な条件が価格に影響します。

これらすべての条件を考慮して、最終的な価格が決まるのです。

だから、価格は1番最後に提示することが大事なのです。

また、**価格交渉のポイントは、実は価格以外にあります。**既存の商品やサービスの価格交渉をする場合でも、ただ値段だけを変えるのではなく、追加サービスや新しいメリットの提案など、工夫をすることが大切です。**売り手の立場であれば、価格交渉は単なる値上げ要請の場ではなく、付加価値の提案の場となります。**

製品の**スペックを変更**することも検討したいところです。現在のスペックが相手にとって少し過剰であれば、その不要な部分を取り除いて価格を下げることもできますし、高いスペックの製品を提案して、その価値に見合う新たな製品価格を提示することもできます。

買い手の立場であれば、ただ値上げを受け入れるのではなく、新しいサービスや付加価値の提案を求めるべきです。

例えば、「値上げを受け入れますが、その代わりにこのサービスを追加してください」

といった形で交渉を進めるのです。

営業担当として、**価格交渉に臨む際、相手から最初に「価格を教えてくれ」と言われても、すぐに答えてはいけません。**数字だけに焦点が当たってしまうからです。

「少し説明させてください。新しい提案があります」と粘ってください。ここが正念場です。何とか、説明させてもらえるように頑張りましょう。

POINT

- 価格交渉のポイントは価格以外にある。
- 価格は様々な条件や価値を伝えたあとで、1番最後に提示する。
- 営業担当は付加価値を提案すること、購買担当は付加価値を引き出すことが重要。

価格交渉の3つの実践ポイント

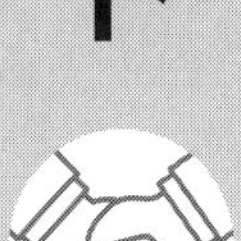

価格交渉において、値上げの**根拠となるデータを提示する**ことは必須です。例えば、エネルギー価格や原材料費の上昇、人件費の増加というデータを客観的データと合わせて提示するのです。これは最低限必要な交渉材料となります。

ただ、これだけでは不十分です。値上げの交渉の際、**コストカットできるプラスαの提案**も同時に行えば、相手は喜ぶのではないでしょうか。

さらに、**価格以外の価値を伝える**ことも重要です。新しいサービスの追加など、値上げに伴うメリットを具体的に示せれば、相手も納得しやすくなります。

客観的データを提示する

価格交渉において、**客観的なデータ**の提示はとても重要です。基本的なことだからこそ、ていねいに取り組む必要があります。

営業担当として、価格改定の理由とその根拠をしっかりと示すことが大切です。

まず、**公的機関が発表するデータ**を集めましょう。政府や業界団体が出す統計データや市場調査の結果などです。これらのデータは信頼性が高く、相手も納得しやすいため、交渉には有効です。

ただし、データの内容は発表時期によって異なることがあるため、最新データと言える範囲で、**自社に有利なタイミングで作成されたデータを選ぶことがポイントです。**

逆に、**購買担当として交渉に臨む場合は、相手が提示する客観的データをよく確認することが**大切です。

データの出所や背景をしっかりと理解し、適切に対応する必要があります。

客観的データは、価格交渉や価格改定の場面で最も重要なものです。

データの提示だけでなく、その解釈をどのように相手に伝えるかも重要です。

データに基づいた論理的な説明は、相手が納得しやすいようにていねいに行いましょう。

データを提示する際には、視覚的にわかりやすいグラフや表を使うことも効果的です。相手が理解しやすいように工夫することが大切です。

また、複数のデータを組み合わせて総合的な分析結果を示すことで、説得力を高めることもできます。

さらに、**データは常に最新のものをチェックすることも大切です。**市場の状況や競合他社の動向は日々変わるため、最新のデータを入手し、適切に反映させることが求められます。

価格交渉において客観的データを効果的に活用することで、交渉を有利に進めることができます。データを最大限活用し、交渉の場で自信を持って対応できるよう、しっかりと準備を行いましょう。

POINT

- 客観的データは、価格交渉で最も必要なもの。いつのどこのデータを選ぶかが重要。
- データをグラフ化したり、論理的な説明を加えるなど、提示の仕方も工夫する。

プラスαの提案力が決め手となる

価格交渉で、ただ値上げだけをお願いしても、簡単には了解してもらえません。交渉相手にとって魅力的なオファーとなる**「プラスαの提案力」**が有効です。

相手が**値上げ要請だけ**を予期していたとき、**「この部分はこうすれば値下げできます」「価格を据え置きにできます」といった提案を受けると**、相手にとっては嬉しいサプライズになります。

その際、**相手が最終決裁者でない場合、その担当者が社内で説明しやすいように、データを含む説得力のある根拠を添えて説明書類を提示することが大切です。**

例えば、ある印刷メーカーが値上げを要請する際に、**「ただ値上げをお願いするのではなく、コストカットできる部分を考えてきました」**「梱包方法を少し簡易的にすることで、わずかですが、この部分はコストを削減できます」と提案したのです。

手間のかかる小分けの包装を変えることで効率が上がり、コストを下げることができることを示しました。**「御社のために何かできることはないかと知恵を絞りました」**と提案することで、相手に対する誠意も伝わります。

また、ある機械メーカーの場合、同じ製品でも**「工場の閑散期に生産すれば、この期間の生産分は、値上げをせずに今までの価格で提供できます」**と提案しました。このようなスタンスが非常に大切なのです。

担当者は、値上げの話だけでなく、コストを抑える提案も受けたことで、社内での説明がしやすくなります。

これまでの話は営業担当の立場から見たものですが、購買担当の立場でもポイントは同じです。購買担当者は、サプライヤーに**「何かコストダウンできる提案はありませんか」「他にプラスαの提案はありませんか」**と促すことが重要です。**単に値上げを受け入れるのではなく、サプライヤーにコストダウンできる部分はないかを考えさせるのです。**これが購買担当者の腕の見せ所です。

値上げ交渉では、単に価格を上げるだけでなく、**「コスト削減のプラスαの提案」**を含めることで、交渉相手に対して、魅力的なオファーを提供することができます。相手の立場に立って考えることが、より良い結果を生むポイントになります。

POINT

- 値上げ交渉でも、一部はコストカットできるプラスαの提案を同時にすることが重要。
- 相手が社内で説明しやすいように、わかりやすい資料を作成して渡す気づかいが大切。

価格以外の価値を伝える

価格交渉は難しいものですが、価格以外の価値を伝えることで、より効果的な交渉が可能になります。

まず、**価格以外の価値を考える際には、自社の強みを棚卸しすることが重要です。**他社にはない独自の強みを見つけ、それをさらに強化することが差別化につながります。

例えば、**供給量が増減する原材料を扱うサプライヤーの安定供給力**の強みを価格以外の価値として、相手にしっかり認識してもらいましょう。

営業の立場であれば、価格以外の価値として、将来に向けた期待を伝えることが大切です。パートナーシップの強化を図り、共に成長し発展するビジョンを共有することで、現在の価格にはない大きな価値を提供できます。

例えば、「一緒に市場を拡大していくことで、どのようなシナジーが生まれるか」などを具体的に示すことが有効です。

購買部の立場であれば、納期の短縮が価格以外では大きな価値となります。入手しづらい部品や原材料の納期をサプライヤーが短縮できれば、製品の生産期間も短縮できます。「他社が2ヶ月かかる納期を、当社は1ヶ月で対応できる」といった納期短縮の提案は、購買担当者にとって非常に魅力的です。

他にも、ていねいな**メンテナンス対応**や**柔軟なデリバリー対応**、さらには、**困りごとの相談支援**なども価格以外の価値として挙げられます。

物流で困っている相手に、知り合いの物流会社を紹介することや、**相続問題**で悩んでいる顧客に専門家を紹介することも、間接的な付加価値の提供と言えます。これらは**単なるサービスではなく、価値の提供である**ことを認識しましょう。

そして、**顧客に対して、これらは当たり前のサービスではなく、追加となる価値の提供であることを伝えて、わかってもらいましょう。**

取引先と良好な関係を築くためには、自社の強みを活かし、相手に対して、どのような価値を提供できるかを常に考えることが重要です。

この先行き不透明な時代に、真のパートナーシップを結べる取引先がどこなのかを見極めることも必要かもしれません。

POINT

- 自社の強みを棚卸しして、価格以外に提供できる価値を見直す。
- 価格交渉では、価格以外の価値をいかに提供できるかが決め手となる。
- 例えば、納期の短縮は金銭に換算できる価値であることを相手に伝える。

第5章

社内交渉・社内コミュニケーションのコツ

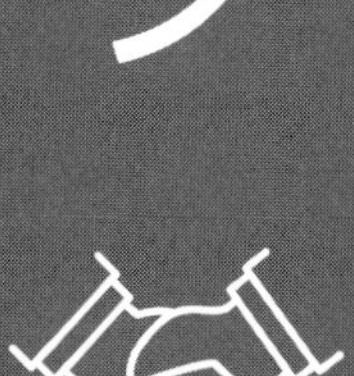

対外交渉の前に社内交渉が必要なわけ

社内交渉や社内コミュニケーションがうまくできない人が、対外交渉だけはうまくできるということはまずありません。

対外交渉を成功させても、それを社内に落とし込んで形にすることができなければ意味がありません。

特に製造業では、社内交渉や社内コミュニケーションが大切です。営業、購買、生産、設計などの関連部門がうまく連携できれば、効率や生産性が大きく向上するのです。

自分の意向を的確に伝え、相手に納得してもらい、そして動いてもらうには、コミュニケーション力が大きく影響します。社内交渉ができれば、それを外部の交渉にも応用することができます。

要するに、**社内での日頃のコミュニケーション力をアップすることが、対外交渉にも役立つということです。**

社内交渉力を高めることによるメリット

社内交渉力というと少し大げさに聞こえるかもしれませんが、要するに**社内コミュニケーション力**のことです。

同じ組織内での上司と部下とのやりとりや部門間の交渉など、すべての業務がコミュニケーションによって成り立っています。

このコミュニケーションをより密にし、的確に相手に伝える力や相手に動いてもら

う力を養うことが、交渉力向上につながります。

企業は様々な部門から成り立っています。これらの部門間で円滑にコミュニケーションがなされると、無駄が省かれ、**全社的な業務の効率化**を図ることができます。

例えば、情報の共有が迅速に行われることになれば、プロジェクトの進行がスムーズになります。問題が起きた場合でも、関係部門が協力することで、早期解決が可能となるでしょう。

また、**社内の各部門間での連携**が強化されることで、リソースの有効活用が促進され、全体のパフォーマンスが向上します。

結果的に、企業全体の生産性が向上し、競争力の強化にも寄与することになるのです。

この社内で培った交渉スキルやコミュニケーション力を活かして、顧客に対して効

果的に提案を行うことができるようになるのです。

さらに、**社内コミュニケーションの活性化は、企業文化の醸成にも寄与します。**

オープンで信頼性の高いコミュニケーションが行われる企業は、**社員のモチベーションが向上**し、**離職率の低下**にもつながります。これにより、企業は優れた人材を長期的に確保することができ、持続的な成長が期待できるのです。

POINT

- 社内交渉力とは社内コミュニケーション力のことで、対外交渉の基礎となるもの。
- 社内交渉力は全社的な業務の効率化のみならず、企業文化の醸成にも寄与する。

部門間交渉・コミュニケーションが必要なわけ

部門間交渉力を高めることで、組織全体の業務効率が大幅に向上します。ある製造メーカーの例を挙げて説明します。

まず、**営業部**はお客様の情報や競合の動向、業界の最新情報を収集します。この情報は設計部、生産部、購買部などに共有されます。**設計部**は最新のお客様情報を基に新製品の設計を行います。設計の際には、部品の共通化などによる生産効率の向上を意識し、購買部や生産部と密にコミュニケーションを取りながら進めます。

購買部はこの設計部からの情報を基に、**営業部**からの需要予測を加味しながら、部品の調達を行います。さらに、**生産部**は部品の在庫管理を含め、全体の生産管理を行います。

このように部門間での情報共有が円滑になれば、無駄のない生産が可能となり、納期短縮や回転率向上が実現します。結果として、売上や利益の向上につながります。

さらに、**部門間の交渉やコミュニケーションを強化することで、対外交渉の準備が整います。**

取引先からのコスト削減の要請があっても、部門間の意思疎通が図れていれば、すぐに対応できるのです。

各部門の意見やアイデアが共有されると、**より良い製品やサービスの開発**につながります。従業員一人ひとりが自分の役割を理解し、責任感を持って業務に取り組むことができるのです。その結果、**従業員のモチベーションも向上します。**

例えば、設計部が新しい部品を検討しているとき、購買部がすぐにサプライヤーの候補先をピックアップしてくれると、全体の流れがスムーズになります。

無駄をなくすために、可能な範囲でスペックを変更し、サプライヤーが提供しやすい仕様にすることで、**生産効率を上げる**こともできます。

その結果、**調達プロセスが効率化**され、全体の生産が円滑に回るようになるのです。

部門間交渉・コミュニケーションの活性化を進めることで、組織内で信頼関係が構築され、全社的なチームワークが強化されます。

各部門が協力し合い、情報を共有し、共通の目標に向かって努力することで、**業務の効率化が実現**するのです。

POINT

- 部門間交渉で連携が強化されると、組織全体の業務効率化・生産性向上が図れる。
- 部門間交渉・コミュニケーションを強化することで、対外交渉の準備が整う。
- 部門間コミュニケーション活性化は、モチベーションアップや信頼関係構築を推進する。

上司と部下のコミュニケーションは人材育成の源

上司と部下のコミュニケーションと聞くと、**部下からの「報連相」（報告・連絡・相談）**を思い浮かべる方が多いでしょう。

しかし、その前に整えておきたいのは、**上司が部下の話をしっかりと聴く「傾聴」の姿勢**です。ここで、傾聴とは何かを、具体例を交えて説明したいと思います。

例えば、ある若手社員から**「もう会社を辞めたい」**と言われたら、どう反応しますか？

多くの上司は「どうしたんだ？　何があったんだ？」と聞くかもしれませんが、それでは傾聴とは言えません。

真の傾聴とは、**「そうか、今君は会社を辞めたい気持ちなんだな」**と、まず相手の気持ちを受け止めることです。

ニュアンスとしては、「受け入れる」というよりは、**「そのまま受け止める」**という感じです。これにより、若手社員は**「自分の気持ちが受け止められた。理解されている」**と感じるのです。

次の段階で、彼がなぜそのように感じているのかを聞きます。**「どうしたんだ？理由を聞かせてくれないか？」**と尋ねることで、彼は自分の気持ちを整理しながら話すことができるのです。

上司は結論を急がず、まずは相手の気持ちに寄り添うことが大切です。この一連の行為が傾聴です。意識していないとできない聴き方なのです。

また、コミュニケーションは双方向になされるものですので、**伝え方も重要です。**最近は、オンラインミーティングが増えてきました。オンラインでのコミュニケーションは、対面よりも五感から得られる情報が少ないので、注意が必要です。

オンラインでは、特に、相手がきちんと理解しているかどうかを確認しながら進めることが大切です。

「ちゃんと伝わっていますか？」「理解できていますか？」と確認を取りながら、話を進めると、相手も安心できます。

さらに、**職場の雰囲気も大事です。**部下が「何でも相談できる」、「安心して話ができる」と感じられる環境をつくることも上司の役割です。

このように傾聴には様々なポイントがありますが、**人材育成で最も大切なことは、部下の自己成長を支援する上司の姿勢です。**

よくあるケースは、良かれと思って、すぐに指示や助言をしてしまうことです。これは、部下が自己成長する機会を奪う行為ですので、注意してください。

1on1ミーティングでも、上司は、このスタンスを保ちながら、**部下の可能性を**

信じて、自ら成長できるように伴走支援を心がけましょう。
人材育成に必要なのは、**コミュニケーションを通じて、相手の自己成長をサポートすることです。**この意識を持つことが大切です。

POINT

- 部下からの報連相の前に、上司の傾聴の姿勢を整えておくことが必要。
- 傾聴の本質は、相手をそのまま受け止めること。
- 人材育成で大切なのは、相手の可能性を信じて自己成長を支援すること。

相手に動いてもらうためには環境を整える必要がある

社内で相手に何かを依頼し、動いてもらうためには適切な環境が必要です。役職上の指示命令系統により、上司の指示があれば部下が動くのは当然ですが、その行動が自発的かどうかで組織の雰囲気も変わってきます。

積極的に自分事として動く社員が増えれば、組織力も高まります。このため、組織の環境づくりは非常に重要です。

まず、具体的な取り組みとしては、オープンな対話の場を設けることです。

誰もが自由に意見を言える環境をつくることで、心理的な安全性が確保されます。
また、上司は定期的なフィードバックを行い、部下の成長を支援する姿勢を示すことが重要です。これにより、部下は自分が大切にされていると感じ、モチベーションが向上するのです。

心理的安全性の確保が必要

近年、ビジネスの現場で「心理的安全性」という言葉がよく聞かれるようになりました。**心理的安全性とは、組織の中で誰もが否定されることなく、安心して自由に自分の意見を発言できる状態を指します。**

例えば、社内の会議で上司から「何か意見はないか」と問われたとき、ストレスを感じることなく、安心して自由に自分の考えを述べることができ、それを否定されたり馬鹿にされたりしない環境こそが、心理的安全性の高い職場環境と言えます。

以前はカリスマ的なリーダーが力強くメンバーを引っ張るスタイルが評価されていましたが、最近ではリーダーの役割が変わりつつあります。**現在のリーダーには、メンバーから自由にアイデアを引き出し、それをうまくまとめて組織の総合力を発揮させる**ことが求められています。これは、世代間ギャップを解消し、働きやすい環境をつくる一助となるのです。

ただし、心理的安全性を確保することは、単なる「仲良しクラブ」をつくることとは異なります。**きっちりと意見を述べ、反対意見が出てくる場合であっても、相手を思いやり、尊重しながら話し合いを進めることができる環境が必要です。**

このような環境をつくるためには、「いつでも話しかけてくれ」というリーダーの一方的な想いだけでは不十分です。

例えば、毎週1回、グループミーティングや1on1を行うことをルール化するなど、**具体的な場の設定や仕組みをつくることが重要です。**

さらに、フィードバックの文化を育むことも大切です。**フィードバックをポジティブで建設的なものにすることを心がけ、メンバーが自分の成長を実感できるようにすることが大切です。**

今は正解がない時代です。まずは課題を見つけることから始めなければなりません。そのためには、**メンバー全員の知恵を結集する必要があります。これを可能にするために、心理的安全性が確保されたビジネス環境が必要なのです。**

POINT

- 心理的安全性とは、組織の中で誰もが否定されることなく、安心して自由に自分の意見を発言できる状態。
- メンバー全員の知恵を結集して組織力を向上させるには、心理的安全性の確保が不可欠。

相互理解は信頼関係づくりの第一歩

組織の中で信頼関係を構築するためには、まずは相手を理解し、自分を理解してもらう、すなわち相互理解が最初に必要です。

具体的には、相手の話をじっくり聴く「傾聴」が大切です。そして、相手を理解するために、いろいろな「質問」を重ねることが重要です。**この傾聴と質問が、信頼関係をつくるための第一歩です。**

傾聴と質問のコミュニケーションを通じて、相手の価値観や自尊心にアプローチすることを心がけましょう。相手がどのような願望や要望を持っているのか、またどのような困りごとを抱えているのかを理解することが大切です。

相手を理解するためには、まず自分を知ってもらうことが大切です。自分から自己開示をすることを心がけましょう。

そして、相手の話を聴くときには、**思い込みをなくし、相手の感情に寄り添う形で信頼関係を深めたいという意識を持ってください。**

役職上の上下関係を超えた**人間同士としての信頼関係**を築くことが大切です。

信頼関係が築かれると、お互いに必要で重要な情報を共有することができます。そして、**共通のゴールに向かってベクトルを合わせて進んでいくこと**が可能になるのです。

そのためには、お互いが伝えたいポイントを明確にし、都度確認しながら話を進めることが必要です。**相手がよく使う言葉をあえて使うことで、相手が理解しやすいように配慮する**ことも重要です。

POINT

- 傾聴と質問による相互理解から信頼関係づくりは始まる。
- 相手が理解しやすくなるように、相手がよく使う言葉を使うことも効果的。

何を言うかより誰が言うかが大切なわけ

皆さんもこんな経験ありませんか？

自分が信頼できる人や尊敬している人からの指導は素直に受け入れられるのに、嫌いな人や尊敬できない人から同じことを言われても受け入れられない。

それどころか、初めから聞く耳を持たず、たとえ聞いたとしても、何かしらの理由をつけて否定してしまう。

例えば、「そんな正論を言ったって、自分だってできていないじゃないか」と、相手の言葉に心の中で反論したりすることはありませんか。これは、**同じ言葉でも、誰が言うかということが重要であることを示しています。**

コミュニケーションでは、感情が大きく影響します。言葉の内容は同じでも、誰がその言葉を発するかによって、受け取る側の反応は大きく変わるのです。

つまり、相手に何かを伝えたい、動いてもらいたいと考えるならば、**発言内容の良し悪しの前に、自分が相手から信頼されているかどうかの関係性が重要になります。**まずは信頼できる人間と認められることが不可欠です。これが、信頼関係が良好なコミュニケーションの前提となる理由です。

信頼関係とは、自分の話をきちんと聞いてくれる、正しく理解してくれる、そして認めてくれると言えるお互いの関係です。

上司が部下を信頼し、部下が上司を尊敬する、そんな関係が理想です。

良好な関係づくりには、上司の**自己開示**が大切です。相手を信じて、自分自身の考えや感情を素直に伝えることで、相手との距離を縮めることができます。

「私はこう思う」というように、私を主語として自分の意志や要望を伝える**「Iメッセージ」**を使うことも有効です。

さらに、相手の価値観を理解し、尊重することができれば、コミュニケーションはスムーズに運びます。

また、信頼関係を築く上で大切なのは**一貫性**です。**信頼を得るためには、言動がぶれないこと、さらに言動と行動が一致していることが重要です。**

言ったことを実行し、約束を守ることで、相手からの信頼は高まります。そうなれば、相手はしっかりと話を聞いてくれるのです。

POINT

- 同じ言葉でも、信頼できる人の言葉かどうかで相手のとらえ方が変わる。
- 本気で聞いてもらいたいなら、相手との信頼関係をつくることから始めるべき。

相手のモチベーションを上げるには2つのコツがある

ビジネスの現場では、モチベーションを高めることが非常に重要です。

ここでは、**モチベーションを上げるための2つのコツ**をお伝えします。

まず一つ目のコツは**「達成感」**を与えることです。

人は何かを達成したときに大きな満足感を得ます。自己実現ややりがいとも言えるこの達成感を感じることで、モチベーションは自然と高まります。

ここで重要なのは目標の設定です。最終目標があまりにも大きすぎる場合、相手は途中で挫折してしまうかもしれません。

そうならないように、**目標を小さく分割し、一つひとつ達成感を積み重ねていく**ようにすることが大切です。

例えば、長期的なプロジェクトであっても、短期的な成果や中間目標を設定することで、相手に「できた」という感覚を持たせることができます。この小さな成功体験の積み重ねが、最終的には大きな目標達成につながるのです。

また、上司として、「あなたがこれを成し遂げたおかげで、プロジェクトが一歩前進しました」と具体的に伝えることで、相手は達成感をしっかりと認識し、さらに頑張ろうという意欲が湧いてきます。

二つ目のコツは**「承認」**です。

相手の行動や努力を認めることで、その人のモチベーションは大きく向上します。ここでの承認は、結果だけでなく、プロセスに対する承認も含まれます。小さな成果や努力を見逃さずに、**プロセスの小さな承認の積み重ね**が大切です。

プロセスで見られる努力や工夫を認めてあげることが重要なのです。

「この資料の作成にはかなりの時間と工夫がかかったことでしょう。その努力がしっかりと見えています」といった**具体的なフィードバックを行う**ことで、相手は自分の努力が評価されていると感じ、さらにモチベーションを高めることができます。

また、社内会議などの公の場で、努力をほめられることも嬉しいものです。

POINT

- モチベーションを上げる2つのコツは、「達成感」を与えることと「承認」すること。
- 結果だけではなく、プロセス段階での小さな達成感、小さな承認の積み重ねが重要。

「伝える」だけではなく「伝わる」までが重要

コミュニケーションはよくキャッチボールに例えられます。**相手が取りやすいところにボールを投げるのが「伝える」ことに相当します。**

しかし、もし相手が構えていなかったらどうでしょうか？　**取りやすいところにボールを投げても相手は取ってくれません。「伝わる」状態までになっていないのです。**キャッチする状態まで至っていないのです。

このように、**「伝える」と「伝わる」は大違いなのです。**

コミュニケーションにおいても同様で、**相手が聞く耳を持っている状態でなければ、言葉は伝わりません。**

ですから、**何かを伝える前にはまず相手の受け入れ態勢を確認する必要があります。**

もし受け入れ態勢が整っていないのであれば、まずそれを整えましょう。

次に、重要になるのが**言葉の定義**です。

例えば、「お客様第一主義」という言葉であっても、人によってそのとらえ方は様々です。そのため、私が言う「お客様第一」の定義はこういうものだとわかりやすく説明し、相手が納得した上で話を進めることが大切です。

さらに、**相手がどの程度理解しているかを確認しながら、コミュニケーションを進めることが重要です。**

状況によっては、伝え方を変えることも有効です。

「伝える」だけではなく「伝わる」までが重要です。これを意識しましょう。

例えば、上司が新しい営業戦略を伝えようとした場合、上司はまず部下がその戦略を受け入れる準備ができているかを確認し、もし準備ができていないのであれば、事前に適切な説明を行い、部下が納得する形で話を進める必要があります。

「伝わる」ためには、相手の受け入れ態勢を整え、言葉の定義を明確にし、相手の理解度を確認しながら進めることが不可欠です。これを日常的に実践することで、本当に効果のあるコミュニケーションが実現するのです。

POINT

- 伝える前に、相手の受け入れ態勢を確認する。なければ、受け入れ態勢を整えることから始める。
- 「伝える」だけではなく「伝わる」までが重要。確認しながらコミュニケーションを進める。

相手に動いてもらうために働きかける5つのこと

相手を継続的に動かすためには、常に相手に指示し続けなければなりません。

一方、**相手自身が自ら動くようになれば、指示しなくても、相手本人の意思で行動してくれるようになります。**

この状態をつくるためには、コーチとして、伴走者の立場で、相手に働きかけることが必要です。相手の能力を最大限に引き出すことができれば、組織として計り知れないパワーを生み出すことができます。

相手に働きかける際のキーワードは、**「気づき」「自尊心」「自分事」「納得感」「行動」**です。それぞれについて具体的に説明してきます。

気づきを与える5つの問いかけはこれだ

上司が部下に働きかける際に最初に必要なのは、相手に気づきを与えることです。ここでは、気づきを与える5つの問いかけを紹介します。

まず一つ目の問いかけは「例えば」です。

「例えば」という言葉は、単に例を示すだけでなく、相手の頭を切り替えさせて、新たな視点から気づきを促す質問です。

「例えば、こんな場合はどうだろう？」と問いかけることで、部下が今まで考えていなかった視点から物事を見るきっかけをつくります。

次に、二つ目の問いかけは「もし」です。

「もし」という言葉は、条件や前提を変える力があります。

「もし、あなたが報告を受ける立場だったら、どう感じますか？」と問いかけることで、相手に新たな視点を提供し、共感を生み出すことができます。

報告が遅い部下に対して、このような質問をすることで、自分自身の考え方を見直させ、新たな気づきを与えるのです。

三つ目の問いかけは「どうすれば」です。

「どうすれば」は、問題解決に向けた問いかけです。

部下が何か問題を起こしたとき、「どうして、今回問題が起きたのですか？」と原因を追及する質問をすると言い訳が返ってきます。

「どうすれば、次回は問題が起きないようになりますか？」と問いかけます。この質問は、未来に向けた解決策を考えるきっかけとなり、相手に自主的な解決策を考えさせる効果があります。

上司が解決策を提示するのではなく、相手自身に考えさせることで、相手の成長を促すことができるのです。

四つ目の問いかけは「具体的には」です。

「具体的には」は、相手の発言をさらに深掘りするための質問です。

「具体的にはどういうことですか？」と問いかけることで、相手により具体的に深く考えさせることができます。

最後の五つ目の問いかけは「他には」です。

「他には」は、思考や視点を横に広げる質問です。

「他にはどんな方法がありますか？」と問いかけることで、相手の思考を広げさせ、より多角的に物事を考えるきっかけを与えます。

この質問は、相手に新たなアイデアや視点があることを気づかせ、問題解決のための選択肢を増やす効果があります。

これらの問いかけは、上司が部下に対して効果的に働きかけ、相手に気づきを促し、自己成長を支援するための強力なツールです。

部下が自ら考え、成長することが組織全体の力を引き上げることにつながります。上司として、これらの問いかけを活用し、部下の自己成長をサポートしていきましょう。

POINT

- 「例えば」で、頭を切り替えさせる。
- 「もし」で、条件や前提を変えて、新たな視点に変えさせる。
- 「どうすれば」で、解決策を考えさせる。
- 「具体的には」で、縦に深掘りさせる。
- 「他には」で、横に広げさせる。

相手の自尊心にアプローチすることが効果的

人は誰しも自尊心を持っています。しかし、その自尊心が何に基づいているかは人それぞれ異なります。ある人は仕事の成果に誇りを持ち、別の人は人間関係を重視するかもしれません。

相手の自尊心を理解し、そこにアプローチすることが、相手を自ら動きたくなる気持ちにさせます。

例えば、チャレンジ精神が旺盛な若手社員がいるとします。

このような若手に対しては、**彼のチャレンジ精神を評価し、その部分を積極的にほめることが重要です。**

「あなたの新しい取り組みへの挑戦は素晴らしい」といった具体的なフィードバックを与えることで、**彼の自尊心を満たす**ことができます。

自分のことをわかってもらっていることは、嬉しいものです。

さらに、**第三者の評価も効果的です。**

「役員があなたのプレゼンを見て、チャレンジ精神が感じられ、とても良かったと言っていました」というような**第三者の評価は、相手の自尊心を大いに刺激します。**

相手の自尊心を理解するためには、まず相手の価値観や大事にしていることを見極めることが必要です。これには、日常的なコミュニケーションや観察が欠かせません。

相手が何に喜びを感じ、何を嫌うのか、どのような場面で自信を持ち、どのような場面で不安を感じるのかを把握しておくことが重要です。

相手によって、アプローチ方法も柔軟に変えることが求められます。

相手の状況や性格に合わせた対応が、より効果的なコミュニケーションを実現します。

部下の自尊心にアプローチすることは、**単に良好な関係づくりにつながるだけではなく、彼らが自己成長を実感し、仕事に対するモチベーションを高めるための手助けとなります。**

結果として、組織全体の目標達成に向けた動機づけが強化され、メンバーが自ら動くようになるのです。

POINT

- 相手の自尊心にアプローチし、評価して承認すれば、自ら動くようになる。
- 相手によって自尊心が異なるので、それぞれに合ったアプローチ方法に変える。

最後の決定を相手にさせて自分事に

これは上司として特に意識して行わないとなかなかできないことです。**部下のやる気を引き出すためには、上司が結論を言わずに、一歩手前で止めて、最後は部下に自ら決断させることが大切です。**これは簡単そうで実は難しいことです。

上司としては、つい良かれと思い、指示を出してしまいがちです。しかし、それでは部下が「やらされ感」を持ってしまい、自分事として取り組む意欲が減ってしまいます。

相手の自発的な決意表明を引き出す質問が必要となります。

例えば、新しいプロジェクトがあるとします。

そのプロジェクトのリーダーにふさわしい部下がいる場合、直接「君がリーダーだ」と指名するのではなく、**「新しいプロジェクトがあるんだけど、リーダーに興味ある？」**

と聞いてみてください。

このように質問することで、部下は「やりたいです！」「やらせてください！」と自らの意思で決断します。その結果、意欲が違ってきます。

部下にとっては自分の決断だからこそ、自分事となり、責任感ややる気が一層高まるのです。

上司としては、**あえて一歩手前で止めて、最後は部下に決断させる余裕を持つこと**が重要です。

この方法は、**部下の自己成長を促すために非常に効果的です。**

ただし、この方法を使う際には、**相手の状態をよく観察することが必要です。**相手の受け入れ態勢が整っていないときに働きかけても、逆効果になる場合があります。

そのため、適切なタイミングでこの方法を使うことを心がけてください。

このように、**最後の決定を相手にさせることは、モチベーションを高めることにつながるのです。**

また、**対外交渉においても同じアプローチが有効です。**

相手が自ら決断することで、交渉の合意がより強固なものとなります。より効果的な交渉を行うために、**「最後は相手に決めさせる」**手法は効果的です。

POINT

- 上司が結論を言わずに一歩手前で止めて、部下に自ら決断させると、自分事になり意欲が高まる。
- 対外交渉でも、「最後は相手に決めさせる」やり方は有効。

相手に納得感を与えることを常に考える

ビジネスの世界では、**論理的な正しさ**だけで人を動かすことは難しいものです。人間は感情の動物であり、**心理的な納得感**がなければ、本気で動いてくれません。では、どうすれば相手に納得感を与えることができるのでしょうか。

まず重要なのは、**相手が納得するポイントを見つけることです。**

納得感は、モチベーションの源である「達成感」と「承認欲求」が満たされると高まります。

例えば、相手の成長を実感できるような目標設定やフィードバックを提供することで、相手の達成意欲を高めると、納得感を持って行動するようになります。

また、相手が目標に向かって努力しているプロセスをこまめに承認してあげると、相手の承認欲求が満たされ、自身の行動に対する納得感が高まります。

これ以外にも、**人によって様々な納得ポイントがあります。**

例えば、成約率トップなどの順位、顧客からの支持や感謝、逆境からの成功、独自の新しい提案、信念を貫く生き方、チャレンジする行動など様々です。

これらは、相手の**価値観や自尊心に通じるもの**とも言えます。

大切なのは、相手を理解することです。相手の自己成長をサポートする気持ちで、それぞれの納得感を高めるように働きかけましょう。

POINT

- 納得感は、「達成感」と「承認欲求」が満たされると高まる。
- 人によって納得ポイントは様々。相手の価値観を理解して支援することが大切。

「気づき」「自分事」「納得」が揃って初めて行動へ

人が行動を起こすには、プロセスがあります。まず初めに**「気づく」**ことから始まります。問題や課題に気づくことで、初めて行動のスタートラインに立つのです。

次に、その気づきを**「自分事」**としてとらえる段階に進みます。それを自分に関連する重要な問題と認識し、当事者意識を高めるのです。

最後に**「納得」**のステップがあります。気づいて、自分事としてとらえるだけでなく、納得することが必要です。納得が得られて腹落ちし、初めて、具体的な行動に移るのです。

「気づき」「自分事」「納得」の3つの要素が揃って初めて、行動への一歩が踏み出されます。

上司の役割は、部下がこのプロセスを順調に進められるようにサポートすることです。

部下がどの段階にいるのかを常に意識し、それに応じた働きかけを行うことが必要です。状況を見極めながら、適切なサポートを提供するのです。

部下が自ら成長するための支援を行い、その成長を見守るのが上司の使命です。部下が一人前になれば、今度は、先輩として、新たな後輩を育成するというリレーのバトンタッチが行われます。こうして、企業は成長し、発展していくのです。

POINT

- 「気づき」「自分事」「納得」を経て、初めて行動が生まれる。
- 上司の役割は、部下がどの段階にいるかを意識しながら自己成長を支援すること。

第6章

実例！こんなときどう交渉する？

大きな商談の機会を得たが、交渉のチャンスは一度きり！

「失敗できない大きな商談がある」「競合が強くて思うように交渉が進まない」など、ときに交渉時に対応に迷う場面もあるでしょう。しかし、難しい場面でも、**これまで紹介してきたポイントを押さえて対応すれば交渉を成功させることができます。**

本章では、私が商社時代に経験した様々な実例をもとに、交渉時にありがちなトラブルや難しい場面での対処法を紹介します。

皆さんのビジネスでの交渉時のヒントとなれば幸いです。

ビジネスにおいて、大きな商談につながりそうなものの、交渉の機会が限られている場合もあるでしょう。こういった場合はどのように対処すればよいのでしょうか？

私の新規取引先開拓でのエピソードをもとに紹介します。

私が総合商社に入社して最初に配属されたのは、アパレル部門でした。この部門には、海外ブランドを扱う部署や、大手アパレルメーカーと取引する部署など様々ありますが、私は**企業向けにユニフォームを販売する営業部に所属**していました。

従業員が少ない企業はカタログから選びますが、大手企業はオリジナルデザインで、企業の顔とも言えるユニフォームを特注でつくります。この受注に向け、**営業、企画、生産、納品までを一貫してマネージするのが私の仕事**でした。

まず、見込み客となる企業を探すことから始めます。

例えば、前回のデザイン更新から10年以上経過している企業や、再来年に設立50周年を迎える企業などが有力候補です。相手企業が積極的に更新を望んでいない場合には、更新のタイミングを促す営業活動も行います。何度も打ち合わせを重ね、信頼関係を築きながら交渉を進めていくのが通常の流れです。

しかし、次のような特別なケースもあります。

ある日、突然の情報が入りました。大手プラントメーカーA社がユニフォームの更新を決定し、発注先の最終選定段階にあるというものでした。**完全に出遅れた状況**でしたが、私はすぐにA社の担当責任者にアポを取り、一人で打ち合わせに臨みました。先方のスケジュールを考えると、**私が交渉できるチャンスはこの一度きり**でした。

この重要な機会に、私は**自分の提案よりも、相手の話をじっくり傾聴することを重視しました。**担当者からは、「ユニフォームの初回納品はスムーズだが、細かい追加対応に問題がある」という話がありました。

多くのユニフォームメーカーは、製品在庫や生地在庫を最小限に抑えているため、追加発注があると納期が遅れがちです。特に作業服は現場で使う消耗品のため、すぐに必要な場合が多く、全国からの追加発注に対応するのは大変な作業です。

そこで、**相手の責任者の苦労に共感し、感情に寄り添うことに十分な時間をかけたあとで、ストレスや不便さを解消するための提案を行いました。**

それは、製品在庫の明細だけでなく、現在の生地在庫で生産できる数量、そして今日発注した場合の納期を一覧表にして毎日アップデートするというものでした。

この提案により、「製品在庫もわかるし、追加発注に対応できる生地在庫もわかる。仮に、製品在庫以上の発注があっても、**在庫生地で生産できる製品数量と納期がすぐにわかる」という点に価値を感じてもらうことができました。**

さらに、私は**自社の弱点も正直に伝えました。**「縫製に関しては自社工場を持たないデメリットはありますが、それを補うために融通が利く協力工場が数社ありますので心配ありません」と説明しました。

一旦、信頼してもらえると、**弱点も好意的に受け取ってもらえるものです。**

結果として、**この交渉で、初対面からわずか1時間で1億円超の受注を獲得しました。**あとから聞いた話では、当社の価格は多少高めで、他社にほぼ決まりかけていた状況だったとのことでした。

このように、機会が限られる交渉であっても、相手の話を傾聴し相手が求めているものを理解し、価値を感じてもらえる提案を行うことで信頼関係を築けるのです。

POINT

- 相手の話を傾聴し、共感し、感情に寄り添うことで、信頼関係をつくり受注を獲得。
- チャンスは限られていても、相手に価値を感じてもらえる提案ができれば受け入れてもらえる。

ほぼ決まっていた案件を競合に持っていかれてしまった！

交渉を進めている際に、うまくいっているように見えたのに強力な競合が現れて話が白紙に戻ってしまった…といった経験がある方もいるかもしれません。このような失敗を避けるためには、**交渉相手の動向を注意深く追うこと**が求められます。次の事例をもとにポイントを紹介しましょう。

私が入社2年目の頃、**ある大手飲食店がユニフォームを新しくする**と聞き、先輩と営業に行きました。何度もプレゼンをし、相手の担当者にも気に入られて、**「ほぼ間**

違いありません。あとは上の決裁を取るだけです。来週早々にはいいお返事ができると思います」とまで言われました。

私たちはその言葉に大喜びし、受注を確信したのでした。

ところが、翌週の月曜日、火曜日、水曜日になっても返事がありません。不安が募る中、さすがに心配になり、木曜日に**相手企業を訪問しました。**

すると、担当者から**「他社に決まりました」という返事が返ってきたのです。**驚いて理由を聞くと、私たちのあとに他社がプレゼンをし、決裁権を持つキーマンを地方の工場見学に連れて行ったというのです。それが決め手になったという話でした。

私たちは「ほぼ決まり」と言われて安心しきっていましたが、実際には競合が粘り強く真のキーマンにアプローチしていたのです。

我々も工場見学を提案しましたが、「それは決まってからにしましょう」と言われていたので、まさかの事態でした。

この経験から学んだのは、**順調に話が進んでいるように見えても、最後まで気を抜いてはいけないということです。**

また、**決裁権を持つキーマンにしっかりアプローチする大切さを実感しました。**

さらに、私たちが気づかされたのは、競合がいかにして自分たちの提案を優位に見せるかという戦略のうまさです。

工場見学というのは、実際の製品や製造過程を見せることで信頼を得て安心感を与え、提案の魅力を最大限に伝える手段です。

何より地方への泊りの出張なので、さぞ親睦も深めたことでしょう。競合はそこを巧妙に突いてきたのです。

今回、交渉の過程で、相手の担当者から「ほぼ決まり」と言われた段階で、私たちは安心して、さらなるアプローチを怠ってしまいました。

この失敗から得た教訓は、交渉には油断は禁物。常に交渉相手の動きに対して敏感であることが重要だということです。

交渉が順調に進んでいると感じても、常に次の一手を考え、相手のニーズや状況の変化に対応できる準備をしておくことが必要です。

交渉は一瞬の油断が命取りになる。この経験を教訓とし、それ以来、どんなに順調に見える交渉でも、最後まで気を抜かず、相手のニーズを満たすための提案を続けることを心掛けるようになりました。苦い経験です。

POINT

- 交渉では、決裁権を持つキーマンをいかに押さえるかが大事。
- 相手の交渉担当者の言葉を信じすぎず、動向に敏感になることが必要。

取引先がなかなか売掛金を払ってくれない！

「取引先が売掛金を払ってくれない」「なかなか期日を守ってくれない」といった経験がある方も多いのではないでしょうか？

私が若い頃は、きちんと納品しているにも関わらず、取引先に約束通り払ってもらえず、売掛金の支払いが滞るケースが多々ありました。営業の仕事は売掛金を回収するまでだと指導され、根気よく回収の交渉を続けたのでした。

しかし、当時私が若かったこともあり、相手に真剣に対応してもらえないことも少なくありませんでした。

前任者から引き継いだ取引先は、毎月、滞留売掛金リストに挙がる問題のある会社でした。そこで、私は**問題になっている点を洗い出し、時間をかけてでも一つひとつ解決していく**ことにしました。

まずは、**納品書を再確認し、相手の受領印があることを確かめました。**

私は、相手に支払いをさせるために、私の上司への報告書という形にして、相手にサインを求めることを思いつき、実行しました。

その書類には「商品を確かに受領しているので、契約どおり支払いを行う」と明記しておきました。

相手には、**「上司に叱られるので、これにサインをしてください」とていねいに依頼し、サインをもらうことに成功しました。**

それでも支払いは行われません。そこで私は、その書類を持って再度訪問し、「過去のことはさておき、私はこの案件を引き継いだ者です。この書類はあなたがサインしたものです。ここに書かれている通り、支払いをしてください」と言いました。

さらに、**「これはあなたの正式なサインがある書類ですので、社内法務部への報告に使用させていただきます」**と伝え、プレッシャーをかけました。本当は法務部への報告などはないのですが。

その後も、支払いが行われない場合、再度訪問し、「先月の支払いがまだ行われていません。このままでは大きな問題になります」**「今月の支払いも同様に遅れることがあれば、さらに深刻な事態となります」**と強調しました。

すると、**次第に相手もプレッシャーを感じ、最終的には支払いが行われたのでした。**

この経験で功を奏したのが、**一気に問題を解決しようとせず、一歩ずつ進めるとい**

う作戦です。

まずは、書類にサインをさせる。

次に、相手に責任を感じさせる。

そして、大問題になるとプレッシャーをかける。

こうして、諦めずに何度も足繁く通い続け、相手にプレッシャーを与えることで、滞留売掛金の回収に成功したのでした。

粘り強さと戦略的なアプローチが、どのような困難な状況でも、突破口を開く鍵となることを学びました。

POINT

- いきなり支払いを迫るのではなく、サイン取得から始め、一歩ずつ進めて回収に成功。
- 時間をかけて粘り強く問題を解決していくための戦略が必要。

無理な値引きを要求されたが受けるわけにはいかない！

ここまではこちらからのアプローチの際の対応について紹介してきましたが、ときに「相手先から無理な交渉を迫られた」ということもあるでしょう。こちらとしては受け入れられないが、相手も強気で聞く耳を持ってもらえない…そんなときはどう対応すればよいのでしょうか？

私がアパレル会社との取引時に経験したエピソードから対応のポイントを紹介します。

私は当時、生地を素材メーカーから仕入れ、それを縫製工場で製品にし、アパレル会社に納めるという仕事をしていました。**そのアパレル会社は、生地価格を下げさせれば、製品の単価も下がるだろうと、私に圧力をかけてきたのです。**

アパレル会社で打ち合わせをしていたとき、先方から、「縫製工場の工賃がこれ以上下がらないなら、素材の価格をもっと下げさせろ」と厳しい要求をされました。

さらに、「できないなら、私が直接素材メーカーと話をする」とまで言われました。

この無理な要求に対して、私は強く断る決意をしました。

一度決めた生地価格に対して、理不尽な値下げを受け入れるわけにはいかないと考えたからです。これは、素材メーカーを守るためでもありました。

その担当者が直接電話をしないように、**目の前で、私が素材メーカーの担当者に電話をかけたのです。**

「今、アパレル会社で打ち合わせをしています。納期については問題ないですか？」**「価格についてですが、もうこれ以上は無理ですか？」「わかりました。できないということですね、了解しました」**と小芝居のような会話を一人で続けたのです。

電話先の素材メーカーの担当者はすぐに状況を飲み込んでくれたようでした。私の電話を聞いていたアパレル会社の担当者は、私と素材メーカーの関係性やギリギリで進んでいる納期の状況を理解したようでした。

電話を切ったあと、私は毅然とした態度でアパレル会社の担当者に言いました。「これ以上の値引き要求は、納期に影響を及ぼす可能性が出てきます。**私たちはすでに決めた価格で進めているので、さすがに無理があります。**これ以上の生地価格の値下げ要求はどうかと思います」と説明しました。

担当者は少し言いすぎたと思ったのか、反省の表情を見せ、事なきを得ました。

この経験から学んだのは、**「これ以上は対応できない」というラインを定めて確固たる意志で対応することの重要性**です。また、説得力を増すためには、交渉相手と自分だけではなく、**関係者など外部にも影響が及ぶことを説明することも有効です。**

ただし、**相手とのそれまでの関係性の中で、ここまでなら大丈夫という読みを瞬時に行い、実行しなければなりませんので、注意が必要です。**交渉は正当性を主張すればいいというものでもないので、難しいところです。

信念を貫きながらも、実利を追求しましょう。それが交渉です。

POINT
- 無理難題には確固たる対応で臨むことも必要だが、やりすぎには注意。実利が大事。
- 相手がなかなか受け入れてくれない場合は、関係者など外部への影響も説明。

どうしても納期を短縮しなければならない！

価格交渉だけではなく、納期の問題に悩まされるという人も多いでしょう。特に製造から販売までのプロセスの多い仕事では、一つのプロセスでのトラブルが他にも影響を及ぼすため、常に納期に気を配っておかなくてはいけません。

私も商社でアパレル関係の仕事をしていたときは、納期に関わる交渉をすることがよくありました。特に、初めからギリギリの納期が設定されるケースが多いため、少しの遅れが大きな問題を引き起こすこともありました。

私の通常の仕事はこのような流れで行っていました。

まず生地を発注し染色加工を行います。その染色が終わった生地を縫製工場へ投入します。刺繍やプリントがある場合は、縫製の途中でその加工を行います。

このように、多くのプロセスがあるため、どこかで遅れが生じると全体に影響が出てしまうのです。

あるとき、**生地の納期が遅れるという問題が発生しました。**生地を染める過程で、不良が見つかり、再加工が必要になったのです。

再加工には時間がかかるため、このままでは製品の納期が間に合わなくなります。

そこで、私は**素材メーカーとの交渉にあたり、東京事務所ではなく、現場である地方の染工所に直接交渉をしに行ったのです。**

染工所に到着すると、担当者に遅れられない事情を説明し、あえて相手の加工ミスは責めずに、再加工の納期を短縮してもらえるように**ていねいにお願いしました。**

1日かけて現場で粘り強く交渉した結果、納期を短縮することに成功したのです。

これは、私が現場に出向き、直接交渉したからこそ得られた結果です。電話やメールでは、このような結果にはならなかったでしょう。**現場での真剣な姿勢**と緊迫感が、担当者に伝わったのです。

「予測できないトラブルが起きるのはしかたないが、納期を詰めてもらわないと帰れない」という強い覚悟で臨んだ結果、相手も動いてくれました。

問題が起きたときには、柔軟な発想と迅速な行動が求められます。どんなに困難な状況でも、諦めずに最善を尽くす姿勢が相手を動かすのです。

POINT

- トラブルはつきものだと覚悟を決めて、臨機応変に対応することが重要。
- 難航しそうな場合には、現場での直接交渉で誠意を伝えることも効果的。

起こしてしまったクレームの金額を最小限に抑えたい！

ビジネスではどんなに気を付けていても、ミスが起きてしまうこともあるものです。そんなとき、クレーム対応に追われた経験のある人も多いでしょう。ミスの影響を最小限に抑えるにはどのような対応が必要になるのでしょうか？
私のクレーム対応でのエピソードをもとにポイントをお伝えします。

あるとき、取引先への**製品納期が遅れてしまう問題**を起こしてしまいました。クレームになる可能性が高く、このままでは大きな損失が出るかもしれないと感じました。

翌朝、私は始業前に相手の会社の前に立ち、直接謝罪しようと決意しました。

早朝の冷たい空気の中、相手の担当者が出社してくるのを待ちました。担当者が到着すると、**私はすぐに駆け寄り、深々と頭を下げて謝罪しました。**

担当者は困惑しながらも、私の真摯な態度を受け入れてくれました。「本当に申し訳ありません。まずは、**今からできることすべてを行い、後れを最小限に留めます**」と約束しました。

そして、「今後このようなことが起きないように致します」と伝えました。

相手からは叱責を受けましたが、私の**誠意ある謝罪**に対して、少しだけ態度を和らげてくれました。

その場で、私は**今からできる最善の方法**、すなわち、納品を最短で行うための具体的な提案をしました。

残業体制を敷く、仕上げや検品作業を協力企業で行う、納品は特急便を使うなど、製品の品質を保証した上で、**今できる可能な限りの対応を迅速に手配しました。**

そして、納期遅れを最小限に抑えるこれらの方法を説明したのです。「これ以上ご迷惑をおかけしないよう、最善を尽くします」と再度誓いました。

「何とかしなければ大クレームになってしまう」と最初こそ、クレーム金額を抑えなければという気持ちがありましたが、いつの間にか、それは消えていました。

それよりも、**「とにかく、取引先にこれ以上迷惑はかけられない」「できる限りのことをして挽回したい」**という気持ちだけで動いていました。

結果的に、この対応を取引先が評価してくれて、**お咎めなしになりました。**

この経験から学んだことは、クレーム対応には迅速かつ誠実な対応が不可欠であるということです。問題が発生した際に、逃げるのではなく、全力で向き合い、相手の立場に立って行動することが大切です。

この失敗から得られた、**クレームを起こしたときの対応のポイント**は以下のとおりです。

迅速な対応　問題が発生したときには、すぐに行動を起こすこと、できるかぎりのことを行うことが重要です。時間が経つほど、相手の不満は大きくなります。

誠意を持った謝罪　問題を真摯に受け止め、直接会って謝罪することが必要です。電話やメールでは伝わらない誠意が、対面では伝わります。

具体的な解決策の提示　謝罪だけではなく、具体的な解決策を提案することで、挽回を図ります。どのように問題を解決するのか、具体的な手段を示すことが重要です。解決に向けての本気度は相手に伝わります。

相手の立場に立つ　相手が被る不利益を最小限にするために、全力を尽くす姿勢を見せることが大切です。相手の話をよく聞き、今からできるすべてのことを行うのです。信頼関係を取り戻す努力をするのです。

クレームが発生してしまうことは避けられない場合もありますが、その後の対応次第で、損失を最小限に抑えることができます。常に相手の立場に立ち、誠意を持って対応することが大切です。

POINT

- クレームを起こしたときのポイントは、「迅速な対応」「謝罪」「解決策」「相手の立場」。
- 最も大切なことは「本気で、できる限りのことをすべて行うこと」によるリカバリー。

なぜか厳しい案件でも引き受けてしまう取引先とは？

これまで取引先や交渉相手へのアプローチ方法についてお伝えしてきましたが、視点を変えて、「この人の依頼であれば受け入れてしまう」「この人となら一緒に仕事がしたい」と思えるのはどんな人かについて考えてみたいと思います。

相手先からこのように思ってもらえるようになることは、交渉上手になるためのヒントになるはずです。私が若い頃にとてもお世話になった取引先の方とのエピソードをもとに考えてみましょう。

その方は、いつも訪れるたびに面白い話や役に立つ話をしてくれる**人生の先輩**のような存在でした。自分の仕事に関わる人たちすべてに、心から感謝している人でした。誰に対しても謙虚な姿勢で接し、「私は一人では何もできない」が口癖でした。しかし、**仕事に対してはとても厳しく、無理難題ではないものの、価格的にも納期的にもギリギリのところを要求されることが多かったのです。**

あるとき、**とても納期が厳しい案件**を依頼されました。この仕事は、自社だけでなく、デザイナー、素材メーカー、縫製工場の協力を仰ぎながら全力を尽くしてやっと間に合う価格的にも厳しい仕事でした。

それでも、その方から頼まれると不思議と断りたいとは思えないのです。

その方は、周りを巻き込む力を持っていました。同時に、周りが応援したくなる魅力も持っていたのです。

結果として、私はこの案件を引き受け、関係者全員の協力もあり無事に成功させることができました。

相手によって、自分の気持ちや仕事に対するやりがいも変わってきます。やはり、**信頼関係のあるパートナーと一緒に仕事をすることは楽しい**のだと実感しました。

このように、**周りから応援される力も交渉力と言える**のではないかと考えています。周りから応援され、一緒に仕事をしたいと思える人は、普段から人から信用される行動、振舞いを自然に行っているものです。このエピソードは、仕事をする上で何よりも大切なのは「信頼関係」であることを教えてくれました。

POINT

- 信頼関係のあるパートナーとの仕事は厳しくても不思議と引き受けたいと思えるもの。
- 周りから応援される力は、一種の交渉力と言える。

おわりに

本書を最後までお読みいただき、ありがとうございました。

皆さま、いかがでしたでしょうか。「交渉の苦手意識がいつの間にかなくなっていた！」と感じてもらえたら嬉しいのですが。

実は、私はかつてプロライセンスを取得するほど、ボクシングに夢中になっていた時期がありました。当時から、交渉とボクシングは似ていると感じていました。

交渉は言葉のやり取りで、ボクシングはパンチのやり取りで、自分が望む結果を得るために相手に働きかけるという点が共通していると思ったのです。

ボクシングを知らない人には、単なる殴り合いに見えるかもしれませんが、ボクサーはどのパンチが効果的か、どうパンチをよけるべきかがわかっているので、それを意識して試合に臨みます。

交渉も同じです。苦手意識がある人は、何を意識して交渉すべきかがわかっていませんが、交渉上手な人は、意識するポイントを理解した上で交渉に臨みます。

何もわからないでボクシングの試合をすること、何を意識すべきかがわからないで交渉を行うことは、非常に危険なことです。

そこで、交渉するときに、交渉上手な人が何を意識しているかをお伝えすることができれば、交渉を上達させたい方々のお役に立てるのではないかと考えたのです。

皆さまには、意識するポイントをはじめ、準備の7ステップ、実践方法、価格交渉、社内交渉、実例などをテーマに交渉のコツをお伝えしてきました。

交渉は勝ち負けではなく、合意を目指す話し合いです。交渉は決して難しいものではなく、コミュニケーションの一つです。誰でもコツをつかめば、上達できるものなのです。

まず、意識を変えることから始めてみてください。多少時間はかかるかもしれませんが、意識し続けるとコミュニケーションが変わり、交渉に変化が出てきます。

そして、実践を重ねていくことで、いつの間にか交渉で成果が感じられ、なぜかうまくいくようになりますので、自分を信じてがんばってください。

交渉力を身につけることで、皆さまの人生が豊かになることをお祈りしております。

最後に、本書を手に取ってくださった皆さまに、心より感謝いたします。

2024年9月　生駒正明

■著者略歴

生駒正明（いこままさあき）
株式会社ビジネス交渉戦略研究所　代表取締役
ビジネス交渉コンサルタント

慶応義塾大学商学部卒業後、丸紅株式会社に入社。国内外１万件の交渉に携わった33年間を経て独立。総合商社の現場で培った交渉ノウハウを「交渉準備の７ステップ」に体系化。

交渉力強化により、企業の売上や利益を劇的に向上させる〝ビジネス交渉コンサルタント〟である。徹底した交渉準備の強化とロールプレイを重視した実践的な研修が高い評価を得ている。「交渉でもったいないを無くす」をモットーに、日々奔走中。商社時代にプロライセンスを取得した元プロボクサーでもある。

著書に『ビジネス交渉力の鍛え方』（セルバ出版）がある。

株式会社ビジネス交渉戦略研究所
https://ikoma-iamok.com/

読者限定「交渉力チェックシート」プレゼント

感謝の気持ちを込めて、プレゼントをご用意いたしました。交渉力向上にお役立ていただければ幸いです。下記より入手してください。

（特典の配布は予告なく終了となる場合がございます。予めご了承ください）

https://76auto.biz/ikoma-iamok/registp/entryform5.htm

●カバーイラスト
かざまりさ

なぜかうまくいく交渉術《こうしょうじゅつ》

発行日　2024年10月25日　第1版第1刷

著　者　生駒《いこま》　正明《まさあき》

発行者　斉藤　和邦
発行所　株式会社　秀和システム

〒135-0016
東京都江東区東陽2-4-2　新宮ビル2F
Tel 03-6264-3105（販売）Fax 03-6264-3094

印刷所　日経印刷株式会社　Printed in Japan

ISBN978-4-7980-7386-6 C2034